JN126214

教育実習
パーフェクトガイド
BOOK

堂前直人［編著］

学芸みらい社
GAKUGEI MIRAISHA

未来を担う若者よ
ようこそ　教育の世界へ

　私自身、10数年前に教育実習に赴いた。
　学生時代からそれなりに勉強をしており、「自分はいい授業ができるはずだ」という幾何かの自信もあった。
　しかし、その自信はあっという間に粉々に砕かれることになる。

> **子供が見えない。授業にならない。**

初回の授業を終えた私は、そのときの気持ちを次のように綴っている。

> 　算数を授業した。授業崩壊。やはり、授業は難しい。目線、板書…。勉強してきたはずのことが子供の前に立つとできない。
> 　力をつけたい。未来の子供たちのためにも。

　わずかばかり勉強したからといって、全てがうまくいくほど、「教育」という営みは簡単なものではない。
　一方で、一度や二度うまくいかなかったからといって、全てを諦めなければならないほど、「教育」という営みは冷酷でもない。

> 　「教育実習」は、教育の難しさを知る場である。
> 　「教育実習」は、教育の奥深さを知る場である。
> 　「教育実習」は、教育の素晴らしさを知る場である。
> 　「教育実習」は、自分の未熟さを知る場である。
> 　「教育実習」は、自分のこれからの努力の仕方を知る場である。

そう考えると、うまくいく実習よりも、多少苦労をするくらいのほうが、未来の自分にとってはよい、と言えるかもしれない。

　本書は、主に３つの視点から教育実習について考えられるようになっている。

1　これから始まる実習に不安を抱えている方
2　実習でうまくいかず、次こそは！　と思っている方
3　実習生を受け持つ先生方

　第Ⅰ章〜第Ⅴ章は、教育実習の概要から始まり、指導案などの文章の書き方、授業のポイント、子供たちとの関わり方など、実習生活のヒントになるようなことを網羅した内容になっている。

　第Ⅵ章では、教育実習に実際に関わっている先生たちや先輩たちへのインタビューを敢行した。インタビュー映像も付録されており、文章だけでなく、動画でも学べるようにした。

　第Ⅶ章では、先輩たちの教育実習での体験談を収録している。うまくいったことも、失敗してしまったことも、実体験である。自分なら…と考えながら読んでみてほしい。

　いくつか、コラムも掲載されている。服装や休みの過ごし方、先生方とのコミュニケーションの取り方、社会人のマナーなど、気になるけどなかなか聞けないことを取り上げた。

　また、昨今話題になっているオンライン授業についても取り上げてある。実習生が行うことは、ほぼないと思うが、教育現場のこれからとしては、重要な話題であろう。

　教育実習は、未来の教育を担う若者が、教育界へ第一歩を踏み入れる大切な大切な出会いの場である。

　本書を手に取ってくださった方々の教育実習が、より実り多きものになることを心より願っています。

TOSS/Lumiere　堂前直人

3

目次

第Ⅱ章
教育実習生の1日はこう進んでいく

第Ⅲ章
子供との関係づくりの重要ポイント

第Ⅳ章
教育実習で必須！
"書く"―文章表現の重要ポイント

第Ⅴ章
授業を成功させる14のポイント

第Ⅵ章
教育実習生は"ここ"を見られている

第Ⅶ章
達人たちの“若き日”
─教育実習にどう取り組んでいたか

① 場に応じた文の書き方

〈挨拶文の書き方〉

☆第一印象を決める "挨拶文" と "挨拶" ☆

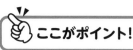 **ここがポイント！**

　挨拶文では、①社会人としてのマナーを守る、②学びたいことを明確にする、③謙虚な姿勢を忘れない、という３つのポイントを押さえたい。また、職員室や児童生徒の前での挨拶も、第一印象を決める大切なものである。事前に話す内容を考え、練習しておきたい。

詳しい解説

1　挨拶文の書き方

(1) 社会人としてのマナーを守る

　挨拶文は、学校への第一印象を決める大切なものである。実習校が決まったら、すぐに挨拶文を送りたい。受け入れてくださる学校への敬意が見える文章を心がけることが大切である。挨拶文は、手書きが基本となるため、文字の丁寧さが印象を左右することも大いにある。

(2) 学びたいことを明確にする

　教育実習を通して何を学びたいのかを挨拶文に書くことにより、先生方に、自分の意欲を示すことができると考える。それにより、実習が始まってからも指導教諭と実習生で学びの視点を共有することもできる。

拝啓
　残春の候、貴校におかれましてはご清栄のこととお喜び申し上げます。
　これから教育実習でお世話になります、○○大学○○学部○○学科○年、○○と申します。
　実習中は、教えていただいたことを全て吸収し、教師という仕事について理解できるように精一杯努めます。特に私の課題である、児童との関わり方について、学ばせていただきたいと考えております。
　多々至らない点があると思いますが、ご指導のほどよろしくお願い申し上げます。

敬具

令和○年○月○日

○○小学校　校長
○○
○○先生

○○大学○○学部○○学科○年
　　　　（氏名）

2　挨拶の仕方

⑴ 基本編

　挨拶で最も大切にしてほしいことは、笑顔だ。緊張したとしても笑顔だけは崩さないでほしい。教師が笑顔だと、子供も笑顔になる。次に、明るい声で話すこと。男性は少し明るい声で、女性は少し大きい声で話すことを意識したい。そして、端的に話す。だらだら話すと、集中が切れてしまう。伝えたいことだけを短く話す練習をしておくことをおすすめする。

⑵ 職員室編

　実習初日。まずは、職員室で教職員全員の前で挨拶をする。ここでは、上記に加えて、実習での目標と意気込みを一言添えて熱を伝えたい。

　おはようございます。○○大学○○学部○○学科○年（氏名）です。実習を通して、特に児童との関わり方を学びたいと考えています。４週間という短い期間ですが、教師としての在り方を精一杯吸収したいです。ご指導、よろしくお願いします。

⑶ 児童生徒編

①集会において

　集会では、短いフレーズで児童生徒の気持ちをつかむことが望ましい。会話のきっかけになるように、話す内容や話し方を工夫する。

②教室において

　児童生徒との関わりにつながる挨拶をしたい。自分が得意なことを披露しながらするなど、印象に残る挨拶をすることで、「この人にはかなわない」という雰囲気をつくることも大切になる。

（神奈川県横浜市公立小学校　織茂眞彩）

1 場に応じた文の書き方

〈お礼文の書き方〉

☆ "デキル" お礼文―３つのポイント☆

 **ここがポイント！**

1　お礼文は、早く出そう。
2　お礼文は、具体的に書こう。
3　お礼文で、感謝の気持ちを表そう。

詳しい解説

1　お礼文は、早く出そう

(1) 早ければ早いほどいい

　実習最終日の帰り道で投函するのが一番いい。遅くとも翌日に投函したいところだ。

　そのためには、最終日前には書き終える必要がある。

　実習が終わると、やりきった達成感で少し休みたくなる。ここでスイッチをオフにしてしまうと、なかなか休み気分が抜けない。明日やろうと思っている間についつい遅くなってしまう。

　時間を割いてくださった先生方にできるだけ早くお礼をするのが社会人としてのマナーである。

　どんなに遅くとも実習後１週間以内には必ず出すようにする。

(2) 書けるところは事前に書いておく

　前文や封筒の宛名など形式的な部分はあらかじめ書いておく。

　実習が終わって、ゼロから書き始めるにはエネルギーが必要である。

　書けるところは、実習が始まる前に準備しておくことが早く出すためのコツで

第Ⅰ章

第Ⅱ章

第Ⅲ章

第Ⅳ章

第Ⅴ章

第Ⅵ章

第Ⅶ章

ある。

2 お礼文は、具体的に書こう

⑴ 自分にしか書けないことを

「教育実習ではたくさんのことを学ばせていただきました。子供の素晴らしさに感動しました。先生方の日々の授業以外でのお仕事に触れることができました。」

一見いいことを書いているようである。しかしよくない。抽象的なのだ。

たくさんのこととは何か。何をもって子供の素晴らしさに感動できたのか。どうして先生の授業以外でのお仕事を知れたのか。

つまり、教育実習に行っていなくても書ける文なのである。教育実習に行ったからこそ書ける具体的な描写をしたい。

次のようになる。

○○先生の「挑戦の先には成功か学びしかない」というお言葉が印象に残っています。日々の子供との関わりの中で、そのことを体現されていらっしゃると感じました。それは、図工の時間に△△君が…

⑵ エピソードは3つほど

1つのエピソードをたくさん書くよりも、具体的場面を3つほど書くほうがいい。多くのことを学ぶことができたのだと伝わる。

例として次のような観点がある。「授業をやってみてうまくいったこと・いかなかったこと」「印象に残っている助言」「大学では学べない子供との関わり」「現場の先生の大変さ・やりがい」「先生になりたいという気持ちの変化」

⑶ 子供宛にも

簡単でいいので子供に向けて手紙を書くと、子供もうれしい。

実習中に起こった印象的なことを書くと記憶に残る。

3 お礼文で、感謝の気持ちを表そう

校長先生、担当の先生はもちろん、事務員さんや校務員さんのお名前も入れると好印象である。

（愛知県弥富市立弥富北中学校　加藤友祐）

① 場に応じた文の書き方

〈観察記録の書き方〉

☆記録を学びへ！　観察記録のポイント３☆

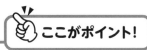 **ここがポイント！**

　観察記録では、「①教育実習という場にふさわしい文章」、「②びっしりと内容が詰まっている文章」、「③出来事＋自分の考えで書く文章」という３つのポイントを意識して書くとよい。そうすることで、自分の教育実習での学びを記録した価値あるものとなる。

詳しい解説

1　教育実習という場にふさわしい文章

⑴ 観察記録とは

　観察記録とは、教育実習にて、先生方から学んだことや出来事を記録し、より自分の教師としての力や実践を深めていくためのものである。大学や学校側の評価資料として活用される場合もある。

⑵ 記録としての適切な書き方

　観察記録は、指導教官や校長先生、大学教授なども読む公的なものである。下記に挙げるような基本的な書き方には注意したい。

---

①書く際には、消えないペンを使用する。
②省略語や流行語・話し言葉等は控える。
③子供のことを書く際は、実名ではなく呼称（Ａさん、Ｂ君等）で書く。

2　びっしりと内容が詰まっている文章

⑴ びっしりと書く

　日誌への記録は写真のようにびっしりと書くとよい。びっしりと書くことは、

教育実習での自身の学びを深めるとともに、指導教官に向けた自分の実習に対する気持ちや姿勢の意思表示にもなる。そのため、半分程度の文章量や文字を大きくして空白を埋めて書くのはオススメしない。

⑵ 出来事を絞って書く

写真のようにびっしりと書くためには、その日のテーマを決めておくことが重要である。私は朝の段階で、「今日は○○について書くぞ」と決めて臨んでいた。

そうすると、テーマに関することを必死に見るようになるため、いざ記録するときには、書きたいことが溢れ出てきた。テーマの例としては、子供対応・給食・掃除・各教科授業・講話等、様々ある。

今日は、図工について書くぞ！

3 出来事＋自分の考えで書く文章

私は、実習中に起こった出来事や先生方の実践のみを記録するのではなく、自分の考えと併せて記録するようにした。そうすることで、観察記録を自分にとっての学びへとつなげることができた。

例えば、実習で入らせていただいたクラスでは、朝の会を子供たちだけでスタートさせていた。この出来事を私は、次のように書いていた。

> 開始にともない、クラスに行く。児童たちは、時間になったら自分たちで朝の会を開始する。驚きを隠せなかった。この形式を取ることで児童の自主性が育まれ、時間意識の精神も育まれると感じた。他にもいくつかの利点があると考える。朝の会の形式1つをとっても様々なパターンが存在することを知ることができた。児童だけで

出来事に自分の考えを併せることで学びが深まる。しかも、私の場合、指導教官からその考えに対する意見をいただくこともできた。

上記の3つのポイントを意識して、自分にとって価値のある観察記録を完成させていただきたい。

> 右記の QR コードより観察記録の一部がダウンロード可能です。
> 参考にしていただければ幸いです。

（千葉県公立小学校　片岡友哉）

15

② 教育実習って何だ

〈教育実習で何を学ぶか〉

☆一に授業、二に学級経営☆

 **ここがポイント！**

1　授業のやり方を学ぼう！
2　学級経営を学ぼう！
3　子供との接し方を学ぼう！
4　学校運営を学ぼう！

詳しい解説

1　授業のやり方を学ぼう！

　授業のやり方といっても様々ある。これだけが正しいという方法はない。

　もちろん原則的なことはある。

　例えば、

　　①「教師の問い」から始まり、

　　②その後、子供たちへ「作業を指示」する。

　　③子供たちが「活動」したのちに、

　　④それに対する「教師の評価・評定」が入る。

　こういった一連の流れを繰り返しながら、授業というのは進んでいく。どこかをなおざりにすれば、授業の流れが悪くなる。

　詳しくは、第Ⅲ章に掲載されているので、そちらをご覧いただきたい。

　原則的なこととは別に、１つ授業で大切な点を述べれば、

子供に合わせてどう工夫するか

ということである。

　目の前の子供たちに合わせた授業の工夫を、１つでも多く学んでほしい。得た
アイデアは、全て自分の財産となる。

２　学級経営を学ぼう！

　先生の仕事は、授業だけではない。

> 「給食指導」、「掃除指導」などの学級経営もしっかり学びたい。

　「どういった仕組みで子供たちを動かしているのか」は、しっかり見ておきたい
ポイントの１つだ。

　例えば、当番表やきまりの設定、持ち物の置き場所などがある。掲示物なども、
意識しないと見落としていってしまうことも多い。

　教室の中に、どんな工夫があるのか。どういった意図があるのか。

　ぜひ、担当の先生に質問してほしい。きっと大学の教科書からは学べない情報
に触れられる。

３　子供との接し方を学ぼう！

　「全体を動かすときの声かけ」と「個別に話しかけるときの声かけ」は、何が違
うのだろうか。

　「低学年の子への声かけ」と「高学年の子への声かけ」では、何が違うのだろうか。

　叱るときと褒めるときでは何が違うのだろうか。

　こういった問いの答えを、実習の中で見つけてほしい。

４　学校運営を学ぼう！

　運がいいと、行事などの場面に立ち会うこともあるだろう。

　学校運営をわずかながら感じられる貴重な機会である。

　授業とも、学級経営とも違う、「子供たちを成長させる場所をつくるための裏
方仕事」である。

　どんな仕事があるのか、それを知っておくだけでよい。現場に出たとき、知っ
ているか知らないかが、天と地ほどの差になる。

　　　　　　　　　　　　　　　　　　　（愛知県名古屋市立浮野小学校　堂前直人）

② 教育実習って何だ

〈教育実習への心構え〉

☆誰もが初心者　実習で自分を知ろう！☆

 **ここがポイント！**

1　実習前に、何を学びたいか、目標を立てよう。
2　実習後には、できることとできないことを分け、今後の目標を見つけよう。

詳しい解説

1　できないのは当たり前

> どれほどの一流であっても、最初は初心者である。

　尊敬する先生から教えてもらった大好きな言葉である。

　教育実習に行った先にも、きっと素晴らしい先生がたくさんいるだろう。私には真似できない、と思うこともあるだろう。

　しかし、そういった先生たちにも初任の頃があり、教育実習生の頃があった。どんな先生にも、未熟な頃は確実に存在している。

　教育実習生がうまくできないのは当たり前であり、だからこそ「実習」をしている。

　大切なことは、次の２点である。

> ①できないことを自覚すること
> ②できることを増やしていくこと

　次のページに、ワークシートを用意した。実際に書き込んで、実習の「目標」と「成果」を見える化してほしい。　　　　　　（愛知県名古屋市立浮野小学校　堂前直人）

2　教育実習を実りあるものにするための4つの質問

【実習前に書きましょう】

(1) どんな先生になりたいですか？

(2) そのためにどんなことを学びたいですか？

【実習後に書きましょう】

(1) 教育実習で、できるようになったことは何ですか？

※「あなたの強み」です。長所として、伸ばしていきましょう。

(2) 教育実習で、できなかったことは何ですか？

※今後の課題です。現場に出る前、そして出てから、1つでも多く「できること」に変えていきましょう。

2 教育実習って何だ

〈教育実習の流れ〉

☆慌てず、情報を処理しよう！☆

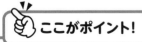 **ここがポイント！**

1　大学や実習校からの連絡に沿って進めよう。
2　わからないことは人に聞こう。
3　見通しをもつことができれば大丈夫

詳しい解説

1　大学や実習校からの連絡に沿って進めよう

　大学によって準備の開始時期は異なるが、準備はおよそ実習の1年前から始まる。大学などで実習に向けたガイダンスが行われ、実習校に連絡を取り、準備を進めていく。打ち合わせの中で、準備すべきものがわかるので、それらの購入も計画的に行おう。準備するものは、実習開始2週間前に準備できていると安心だ。

2　わからないことは人に聞こう

　わからないことをそのままにしておくのはよくない。友達や先輩、教授にわからないことは確認しておこう。準備が遅くなると実習にも影響が出ることもあるので、各自で準備を進めておこう。

3　見通しをもつことができれば大丈夫

　初めての教育実習は、希望もあるが不安もあるだろう。大切なのは、いつ何をすればいいのか見通しをもつことだ。スケジュール帳に書いたり、自分で予定表を作ったりして教育実習開始から終了までの見通しをもとう。

（長野県公立中学校　林田花蓮）

教育実習までの予定表を実際に書いてみよう。

教育実習1年前

例：大学でのガイダンスを聞く。

教育実習半年前

例：教科書を準備する。

教育実習1か月前

例：実習校に挨拶に行く。

教育実習2週間前

例：実習に必要なものを購入する。

教育実習前日

例：翌日に備えて、荷物の準備をする。

教育実習1日目

例：時間に余裕をもって、学校へ行く。

教育実習終了後

例：お礼状を書く。

第Ⅰ章

第Ⅱ章

第Ⅲ章

第Ⅳ章

第Ⅴ章

第Ⅵ章

第Ⅶ章

② 教育実習って何だ

〈教育実習の評価〉

☆教育実習の評価の観点を知ろう！☆

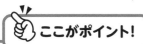

ここがポイント！

　教育実習の評価の観点は、
①授業全体（授業の進め方、授業計画の立案、指導案の書き方など）
②学級経営（担任教師としての在り方、児童・生徒との関わり方など）
③勤務態度（身だしなみ、社会人としての責任など）
の３つである。

詳しい解説

1　授業全体について

⑴ 授業の立案

　教育実習で求められることの１つに、授業計画の立案がある。１つの単元を何時間で進めるか、見通しをもった立案が求められる。授業計画の立案が、指導案の授業計画に明記されることになる。研究授業では、本時以外に授業計画についても触れられることが多く、教育実習生の立案する力を評価される。

⑵ 授業行為

　45分（もしくは50分）を、「指導案を見ずに授業すること」が大前提となる。授業の上手下手よりも、45分きっちりと授業することが大切である。初めて授業をする際は、事前に模擬授業をするとよい。声の出し方、目線の配り方、板書の仕方など、児童・生徒が帰った後、教室で実際にやってみる。実際にやってみることで、声の大きさや板書の文字の大きさなどを確認することができる。

2　学級経営について

(1) 担任教師としての在り方

　特別な事情がない限り、朝は、児童・生徒を教室で迎えたい。児童・生徒の登校時の様子を、朝の教室で一番に確認するのだ。朝は、児童・生徒の様子をじっくり観察できる時間であるため、学級経営に大いに生かすことができる。教育実習中は、担任の代わりに担任業務を担うことになる。学校生活の1日の流れを把握して、児童・生徒に的確に指示を出しているかも評価のポイントとなる。

(2) 児童・生徒との関わり方

　児童・生徒とどのように関わっているか、授業場面だけでなく、休み時間など普段の関わり方も評価される。私の場合、掃除の時間に児童・生徒と一緒に掃除をしているか、掃除をしていない児童・生徒にどのような声かけをしているか、掃除を頑張っている児童・生徒にどのような声かけをしているかも評価の対象としていた。

3　勤務態度について

(1) 身だしなみ

　児童・生徒の前に立ち、授業を行うに相応しい服装であるかを常に意識する。児童・生徒は、教育実習生の先生といえども、服装をチェックしている。

(2) 社会人としての責任

　社会人としての責任の1つに、無遅刻・無欠勤が挙げられる。以前、何の連絡もなく遅刻したり、欠勤したりする教育実習生がいた。このような教育実習生に、授業や学級経営を任せることはできない。遅刻・無断欠勤は、社会人としての責任を果たしているとは言えないだろう。

　また、生徒とメールやSNS等での連絡を取り合うことは、好ましくない。生徒から聞かれたり、自身のアカウントなどにアクセスがあったりしても、全て拒否することが大切である。

（三重県下外城田小学校　福井　慎）

コラム

①教育実習の服装は？

「何を着たらいいの？」「この服でいいのかな？」。教育実習前に不安になる方もいると思います。

　以下のポイントを参考に、服装を考えてみましょう。

1　色は派手なものを避ける

　基本は、黒・白・灰色・紺色など、落ち着いた印象の色を選ぶといいでしょう。スーツやシャツ、運動着も、時計やベルトなどの小物も、これらの色を基準に選べば大丈夫です。

2　基本はスーツ　必要に応じて運動着を用意しよう

　学校で過ごす時間はスーツが基本です。ただし、体育の授業があったり、学校によっては掃除を運動着で行ったりします。学校のルールに応じて運動着が必要になります。運動着もスーツ同様、派手な色は避けましょう。

3　困ったときには…

　一人で悩まず相談することが大事です。実習前なら先輩や先生に、実習が始まったら担当の先生に相談しましょう。教員になってからも、わからないことは聞く、

人に相談するということが、必要になります。困ったら、わからなかったら、人に聞いてみましょう。もちろん、教えてもらった後は、お礼を忘れずに言いましょう。

（長野県公立中学校　林田花蓮）

コラム

ちょっと気になる悩みを解決！

②教育実習の持ち物は？

　実習前には、お世話になる学校から連絡があり、最低限の持ち物が書かれています。その連絡を見て、必要なものをそろえましょう。

□ A4 サイズのクリップボード（授業の記録を取るのに便利）
□ボールペンの替え（インクがなくなってもすぐ替えられるように）
□ラインマーカー（書類の確認には必須アイテム）
□小さめのメモ帳（先生からの連絡などをメモしておける）
□大きめのカバン（運動着など、かさばるものが入るサイズがいい）
□クリアファイル（指導案や書類を整理しておこう）
□ノート（実習記録とは別に、授業の振り返りや担当の先生から教えていただいたことなどを記録しておこう）

他に必要なものがあったら、下の表に書いておきましょう。

□
□
□
□
□
□
□
□

（長野県公立中学校　林田花蓮）

25

1 教育実習生の１日

〈小学校編〉

☆１日の見通しをもつポイント☆

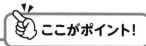 ここがポイント！

1　実習項目を意識して、１日の流れをイメージしよう。
2　職員室でも教室でも、明るい挨拶をしよう。
3　先々を見通して、放課後の準備をしよう。

詳しい解説

1　実習項目を意識してイメージする１日の流れ

　ひとえに実習といっても、いくつかの項目がある。

> 講話、観察、参加、実践授業、研究授業

　講話では、校長先生、教頭先生をはじめとした先生方に、学校運営や授業論などについて学ぶ。

　観察では、指導教官や各教科主任の先生方の授業を見せていただく。

　参加は、主に給食指導や清掃指導など、担任の先生と共に、児童の指導に当たる機会だ。校外学習や学校行事が実習期間中に行われる場合があるが、これも参加に当たる。

　実践授業や研究授業は、自身が教壇に立ち授業を行う。中心的な実習の場であると言える。

　このように、実習項目を意識すると、１日の流れがイメージできるようになる。

　活動場所、参加形態などについて、見通しをもっておくことが極めて重要である。

　見通しをもっていることで、慌てずに行動することができる。

第Ⅰ章 第Ⅱ章 第Ⅲ章 第Ⅳ章 第Ⅴ章 第Ⅵ章 第Ⅶ章

必要があれば、指導教官に確認し、ノートや手帳にメモを取ことも大切だ。

2　朝から１日のモチベーションを高める挨拶

教育実習生の朝の挨拶は、元気でなくてはいけない。

社会人として大切なことだが、理由はもう１つある。

> 自分のモチベーションを高めることができる。

言葉や態度は、自分の感情にも影響する。元気な挨拶をすることで、気持ちも元気になる。

主に挨拶をする場が２か所ある。職員室と、教室だ。

職員室では、廊下に荷物を置き、コート等の上着を着ていれば脱ぎ、前方（通常は黒板があり、教頭や教務主任の席がある）の扉から入ることだ。

教室へも前方から入るのがよい。そのほうが、児童が気づきやすい。教室に入るときに大切な視点がある。

> 右足から入るか。それとも左足から入るか。

これは、右足だ。右足から入ることで、教室の全体に体を向けた状態で挨拶することができる。

そして、「みなさん、おはようございます！」と明るく挨拶するのだ。

3　先々を見通した放課後の準備

最も忙しいのは、放課後かもしれない。すべきことは多岐にわたる。

指導教官との反省や打ち合わせ、実習日誌の記入と提出、教材研究、指導案作成、教材準備などが主だ。

これらを限られた時間で行うために、その日にすべきことを具体的に書き出すなど、ToDoリストを作成しておくとよいだろう。

大切な視点は、実習の最終日から逆算することだ。これは、自分で考えるのは難しい。積極的に指導教官と相談することがポイントである。

（宮城県仙台市立西多賀小学校　富樫僚一）

1 教育実習生の１日

〈中学校編〉

☆「得たいこと」を明確にして過ごす☆

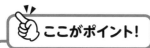 ここがポイント！

1　事前に「実習が終わった時の自分」をイメージしよう。
2　担当教師と「やるべきこと」と「やりたいこと」を擦り合わせよう。
3　自分の伝えたいことを、言葉よりも行動で表現しよう。

詳しい解説

1　事前に「実習が終わった時の自分」をイメージしよう

　教育実習をより充実したものにするために、「教育実習が終わった時にどんな自分になっていたいか」を書き出してみることをオススメする。

　「勉強が苦手な子も楽しめる授業ができた自分」「全ての生徒と笑顔で話した自分」などだ。複数書き出した場合は優先順位をつけるとよりよい。

　それらが実習者にとってゴール地点となる。あとはそのゴールを達成するために必要な要素を考え、逆算しながら実習期間を過ごせばよい。

　そのために必要なのが次の２だ。

2　担当の先生と「やるべきこと」と「やりたいこと」を擦り合わせよう

　朝は何時までに出勤するか。出勤したら最初に何をすべきか。学校の校則、生徒会の取り組みなど、学校全体で大切に指導していることは何か。

　このような事柄は「やるべきこと」であろう。特に中学校には部活動がある。学級とは異なる生徒の顔を見るとともに、顧問教師の指導法も学べる。

第Ⅰ章

第Ⅱ章

第Ⅲ章

第Ⅳ章

第Ⅴ章

第Ⅵ章

第Ⅶ章

　ただ、それだけではなく、左ページで考えたゴール達成のために、自分が「やりたいこと」を実習担当教師に伝えていく。

「空き時間は授業の勉強のために、他の先生の授業を見ていいですか」

「生徒のことを知りたいので、趣味・特技や熱中していることなどを書いてもらう自己紹介カードを用意したいのですが、どうでしょうか」などだ。

　実現可能となったものは感謝して実行する。逆に却下されたものは「わかりました」と受け入れつつ、別の方法でできないかを探ってみる。

　実習生が自分から「これをしたいです！」と伝えることは、「実習に意欲的に取り組もうとしているんだな」と受け止められるだろう。

　実習第1週目は新しい生活に慣れることで精一杯になるかもしれないが、その時々でベストを尽くしつつ、ゴールに向かって歩みを進めたい。

　NG なのは「やりたいこと」を優先するあまり、「やるべきこと」が疎かになるパターンだ。果たすべき責任を終えた上で取り組もう。

3　自分の伝えたいことを、言葉よりも行動で表現しよう

　実習生が来ると問いかける言葉がある。

> ○○先生（実習生）が大切にしていることは何ですか。

　20 年前後生きてきた中で大切にしている価値観があるはずだ。だがその大切さは、多感な中学生には言葉だけではなかなか響かない。だからこそ、行動で示したい。

　ある実習生は「挑戦と努力の大切さ」を、自身が長年続けている社交ダンスで全国入賞するまでのことや、現在も日本一のコーチに師事していることを例にして伝えてくれた。体育館に集め、簡単なステップを学級全員で体験した。生徒も新鮮な驚きがあったようだ。

　その実習生は他学年生徒とも関わりを広げていた。常に挑戦していた。そうした姿が中学生には特に響くだろう。

（山梨県公立中学校　広瀬　翔）

① 教育実習生の１日

〈高校編〉

☆後半に備え、万全の準備をしよう！☆

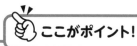 ここがポイント！

1　【実習前】できることは済ませておこう。
2　【実習中】様々な場に行ってみよう。
3　【心構え】時・場・礼を大切にしよう。

詳しい解説

　高校の教育実習は２週間しかない。多くの場合、前半は見学がメインであり、後半が実践となる。実際に生徒の前に立つ前に、実習前と実習前半で、どこまで準備ができるかがポイントとなる。

1　【実習前】できることは済ませておこう

　実習前に済ませておいたほうがよいことがある。
　(1) 学習指導案の作成
　(2) 生徒の名前を覚えること
　ポイントは、以下である。

実習中は、実習でしかできないことに集中する。

　授業指導案を作成しておくこと、生徒の名前を覚えておくことで、実習中は他の先生たちの授業見学、授業の反省、部活動等に集中することができる。事前の打ち合わせに行った際、担当科目とおおよその単元、生徒の顔と名前が載っている写真台帳のコピーをもらうとよい。

2 【実習中】様々な場に行ってみよう

　教科担当の先生の授業はもちろん、同じ教科に複数の先生がいる場合は、可能な限り授業を見学するとよい。様々なやり方、生徒の対応方法などをリアルタイムで見ることができる。

　教科の授業がない場合は、HR担当のクラスを見に行く。HRクラスの生徒たちの活躍を見ることができる。後から話しかけるきっかけにもなる。他教科の先生の授業からも、たくさん学べることがある。

　昼休みは、学校中を歩くとよい。すれ違う生徒たちに挨拶をしながら、お弁当を食べている生徒に短く声をかけたり、購買の様子を見るのもよい。委員会活動をしている場合は、見学させてもらう。放課後は、割り当てられた部活動の活動場に行く。指導をしたり、一緒にやってみる。担当の部活動がない場合は、他の部活動を見て回るとよい。生徒会執行部が動いていたら、その場を見学させてもらおう。

> 実習中は、様々な場に積極的に行ってみる。

3 【心構え】時・場・礼を大切にしよう

　様々な場に行くからこそ、先生たちへの礼儀を大切にしよう。

　事前にわかっている場合は、担当の先生にあらかじめお願いしておく。

　見学をした場合は、担当の先生に、その日のうちに必ずお礼を伝えよう。その際のポイントは以下である。

> お礼を言う際は、最低1つは質問をする。

　あらかじめ、質問をすると決めておく。すると、見え方が違ってくる。学びの密度も上がり、見学を許してくれた先生に対し誠意を示すことにもなる。もちろん、忙しそうなときは短くお礼を伝えるとよい。

　礼儀の他にも、見学する際には開始時間に余裕をもって移動すること。片付けで手伝えることがあれば手伝うなど、時間、場所、礼儀を大切にしよう。

（北海道公立高等学校　上田浩人）

1 教育実習生の1日
〈養護編〉
☆養護教諭実習生の1日☆

 **ここがポイント！**

1　　1人でも多くの子供の名前を覚えよう！
2　　教室で、担任から授業のスキルや子供・保護者への対応を学ぼう！
3　　保健室で、養護教諭から救急処置や子供への対応を学ぼう！

詳しい解説

　養護教諭の実習には、学級で担任から学ぶ日と保健室で養護教諭から学ぶ日の2パターンある。そこでポイントとなるのが、以下の3つである。

1　子供の名前を呼んで話しかけよう！

「先生が名前を呼んでくれて、うれしかったです」

　これは、実習後に子供たちからもらった手紙に書かれていた言葉だ。学級、保健室で関わる子供たち。関わる子供たちの名前をいち早く覚え、名前を呼んで話しかけてほしい。すると、子供たちとの距離はぐっと縮まり、自分の思いを少しずつ話してくれるきっかけとなる。

2　担任から学ぶ！　授業のスキルや子供・保護者への対応

　学級に入り、担任から学ぶことは、大きく分けて3つ。

①授業の進め方、②子供対応、③保護者対応

　どれも、担任の先生の立ち居振る舞いや子供への接し方から学ぶことができる。私は、音楽主任の学級に入った。替え歌を取り入れた保健教育を実施し、授業の

第Ⅰ章
第Ⅱ章
第Ⅲ章
第Ⅳ章
第Ⅴ章
第Ⅵ章
第Ⅶ章

スキルや子供への対応を学んだ。また、専門外ではあったが、朝の会や算数の授業も行った。「養護教諭の実習生」という型にはまらず、多くの経験をさせてくださったことに感謝している。ここで学んだことは、現在の保健教育や子供・保護者対応につながっている。型にはまらず、「何でもやってみよう！」という姿勢で、様々なことにチャレンジしてもらいたい。

3　養護教諭から学ぶ！　救急処置や子供への対応

養護教諭は各校１人もしくは２人。正規採用後は、他校の保健室を見る機会はほとんどない。そのため、教育実習中に様々なことを「見て、聞いて、記録しておくこと」が大切である。

(1) 救急処置のスキル、言葉かけの極意を学ぼう

養護教諭の専門性の１つ、救急処置。状況を瞬時に把握・判断し、迅速で丁寧な対応が求められている。そこで学ぶことは２つ。

・どんな医薬品を使用し、どのような救急処置をしているか。

・子供へどのような声かけをして、救急処置をしているか。

丁寧で迅速な救急処置法、子供が安心できる声かけの仕方を学ぼう。

(2) 可能な限り、一緒にさせてもらおう

養護教諭の先生のそばについて学ぶことができるのは、とても貴重な機会である。教育実習中は、できるだけ「一緒に」何かをさせてもらおう。

・毎朝の健康観察　　・救急処置　　・健康相談　　・委員会活動

・環境衛生検査　　・健康診断　　・事務処理　　など

一緒に行動することで、見えてくるものがたくさんあるはずである。

(3) アイデア満載！「見て・聞いて・記録して」盗むべき３つの場面

ベテラン養護教諭の保健室は、アイデア満載！　隅々まで見てこよう。

・保健室廊下側、保健室内の掲示は、どのようなものがあるか。

　→掲示物の作成方法、工夫の仕方（常時掲示物、季節の掲示物など）。

・保健室内のレイアウトはどうしているか。

　→動線を意識した配置の工夫（ベッド・机）。

・救急処置等に使用されている医薬品の種類。

　→長年の経験から使いやすいもの、あったらよい医薬品などを聞いてみよう。　　　　（愛知県公立小学校　養護教諭　三浦安理沙）

１ 教育実習生の１日

〈栄養編〉

☆学びの質を高める３つのアクション☆

 ここがポイント！

1 【実習前】事前課題に取り組もう！
2 【講話】栄養教諭と対話しよう！
3 【食に関する指導】給食献立から考察しよう！

時間割例

詳しい解説

　栄養教諭の実習期間は５日間。短期間での学びの質をいかに高めるかは、教育実習生の心構え次第だ。課題への向き合い方も重要である。

1 【実習前】事前課題に取り組もう！

　栄養教諭実習の前には、事前課題が出される。その例として

（1）学習指導案の作成

（2）学校給食の献立作成

資料

（3）給食時における指導資料作成（放送原稿や教材の準備）

などが挙げられる。

　事前に主体的に学ぶことで、師範授業・給食指導・献立作成などを見る際の視点をもつことができる。その視点は、事前課題へ取り組んだときの気づきや疑問から得られる。余裕があれば、「食に関する指導の手引－第二次改訂版－」や「学校給食衛生管理基準の解説」などの関係資料にも目を通しておくとよい。大切なのは「自分から学ぶ」姿勢である。

> 実りの多い教育実習のカギは、自分から学ぶ姿勢にあり！

2 【講話】栄養教諭と対話しよう！

　栄養教諭は任意配置の少数職種である。その仕事ぶりをすぐそばでじっくりと学べるのは、教育実習期間のみ。実習中にぜひ、給食時間における食に関する指導を教えていただいたり、研究授業当日に向けての模擬授業（授業の練習）を見ていただいたりしよう。

　栄養教諭の指導は、ほとんどが飛び込み形式である。そのため、「実物を用意する」「五感を使わせる」など、児童生徒の興味をひき、内容に関心をもたせるために、指導の技術を駆使して指導されている。積極的にご指導いただく機会をつくり、その工夫を学ぼう。

　また実習中に疑問に思ったことや困ったことは、すぐに相談しよう。例えば「しいたけが苦手な子に、どんな声かけをするとよいか」など、自分で考え、栄養教諭に尋ねることで、学びが広がるはずである。

> **栄養教諭に何でも聞こう！　相談しよう！　いっぱい話そう！**

3 【食に関する指導】給食献立から考察しよう！

　給食は、食育における「生きた教材」である。その日の給食で何を伝えるか、なぜその献立なのか（料理の組み合わせ・食材の選択や調理方法・味付け等）を考え、食に関する指導につなげることが重要だ。

　例えば、１月の給食に黒豆を登場させるのは、行事食やその意味を伝えるため。シチューに米粉を使えば、小麦アレルギー対応ができ、教科学習（５年社会科 米作り・食料自給率）にもつなげることができる。

　給食献立には、栄養教諭の工夫や思いが詰まっている。その意図を読み取り、献立立案のポイントやねらいを考えてみよう。

> **「なぜ？」という視点をもち、給食献立から学ぼう！　考察しよう！**

（公立小学校　栄養教諭　高田直美）

② 教育実習までにしておきたいこと

☆準備に役立つポイント３☆

 ここがポイント！

1　事務的な作業を終えよう。
2　子供の名前を覚えよう。
3　授業の準備をしよう。

詳しい解説

1　事務的な作業を終えよう

　実習には指導案、事後レポート、お礼の手紙を書くといった事務的な作業がある。これらを実習が始まってから取り組むと、負担が大きい。実習が始まる前に、できるところは終えておくことをオススメする。

　指導案は、単元がわかっているなら、教材観や単元計画を書くことができる。学校によって指導案のフォーマットが異なるであろう。しかし、文を用意しておくことはできる。可能なら事前に指導書をお借りできればより楽である。

　実習日誌や事後レポートは、日付だけでも書いておくことができる。

　お礼の手紙は、時候の挨拶や封筒の宛名などを書いておくことができる。

　こういった事務的な作業を事前の余裕のある時に終えるといい。

　漏れも少なく、負担も小さくなる。

2　子供の名前を覚えよう

⑴ まずは子供の名前を覚える

　授業の準備も大事である。しかし、せっかくの実習である。子供との関わりをより充実させたい。

　そのためには、子供の名前を呼ぶことが大事である。

実習期間中、できれば全員毎日一度は名前を呼んで話しかけたい。

⑵ 事前に名簿をもらう

個人情報漏洩防止の観点から難しいかもしれないが、できれば事前の打ち合わせで名簿をもらえるといい。

可能なら、写真をもらえるといいが、髪型や服装が違うとまるで印象が違って見えることもある。

併せて座席表をもらえると、場所で名前を覚えることもできる。

3　授業の準備をしよう

⑴ 授業の準備をする

事前の打ち合わせで、自分の担当する教科・単元がある程度確定する。

可能であれば教科書を購入する。該当単元の教材研究をする。

教科書をコピーしてノートに貼り付け、書き込みながら考える。

問題を解いてみる。実際に解いてみて初めて気がつくこともある。

事前にある程度教材に触れておくと、指導案にもつながる。

教材研究には次のサイトが参考になる。

TOSS LAND (https://land.toss-online.com/)

⑵ 模擬授業をする

時間があるなら同じ学校の実習生や、大学の同級生と模擬授業をする。

実際にやってみると、思うようにいかないことがある。

わかりやすいと思っていた説明がうまく伝わらない。

声が後ろまで届いていない。

こういった、やってみて初めてわかることが事前にわかる。

大学生を相手にした模擬授業でうまくいかなければ、子供相手の授業でうまくいくわけがない。

また1時間授業する時間感覚をつかめる。

（愛知県弥富市立弥富北中学校　加藤友祐）

第Ⅰ章
第Ⅱ章
第Ⅲ章
第Ⅳ章
第Ⅴ章
第Ⅵ章
第Ⅶ章

①短期間で子供と信頼関係をつくるコツ

☆短期間で信頼を築くポイント３☆

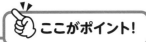

ここがポイント！

　好かれる先生は信頼関係でつながる。嫌われる先生は上下関係でつながる。短期間で子供と信頼関係を築くには、ポイントがある。
1　初日で、クラス全員の顔と名前を覚える。
2　子供の話をよく聞く。
3　「これは勝てない」という長所と「勝てるかも」という隙を見せる。

詳しい解説

1　好かれる先生は信頼関係でつながる

　今まで出会った先生の中で、「面白い先生の話は聞きたくなるが、そうでない先生の話はつまらなく感じる」という経験はないだろうか。

　子供も同じであり、信頼する先生の話をよく聞く傾向にある。１日でも早く子供と信頼関係を築きたい。実習生であろうと、子供に好かれ、楽しく生活できるようになる。

2　短期間で子供と信頼関係を築くポイント３
⑴ 初日で、クラス全員の顔と名前を覚える

　学級担任となれば、子供の名前を１日でも早く覚えようという気持ちは誰にでもある。名前を覚え、呼んで褒めることが信頼関係を築くことにつながっていくからである。しかし、実習生となれば、子供の名前をゆっくり覚える時間はない。信頼関係を築く前に実習が終わる。それではいけない。

第Ⅰ章
第Ⅱ章
第Ⅲ章
第Ⅳ章
第Ⅴ章
第Ⅵ章
第Ⅶ章

子供は、話したこともない大人から名前で呼ばれるとうれしそうな顔をする。「何で私の名前を知ってるの？」と会話が広がる。まずは、子供の名前を覚え、呼んで話しかけたり褒めたりすることが極めて大切である。

もし、事前に名簿と顔写真を頂けるならお願いをすべきである。個人情報の流出等の観点から、事前にそういったことを教えてもらえない場合もあるだろう。そういうときは、初日の授業を観察しながら覚えるよう努めるべきである。

(2) 子供の話をよく聞く

子供はとても賢い。こちらが話しかけずに観察していると、子供も話しかけてこない。一方で、早く仲よくなりたいという気持ちをもって話しかけると子供もどんどん話しかけてきてくれる。大人の表情や動きをよく見て、考えを悟り、行動しているのだ。これは信頼関係を築くことに大きく関係する。

子供は、話をよく聞いてくれる大人を信頼する。自慢話、楽しい思い出話、つらい経験、様々な話を親身になって聞いてくれる教師は、信頼関係を築ける。実習に行くと、「新しい先生」「若い先生」というだけで寄ってくる。

まずは子供にたくさん話しかける。そしてたくさん話を聞く。話を聞いてくれる教師ほど信頼できる人はいないだろう。

(3) 「これは勝てない」という長所と「勝てるかも」という隙を見せる

好かれる先生には、「これは勝てない」と子供に思わせる長所が存在する。例えば、「走るのが一番速い」「ドッジボールで負けない」「Jポップに詳しい」などである。勉強のことでなくともよい。長所があれば、それが魅力となり、子供を惹きつけるのである。「この先生、大したことないな」と思わせないようにするためにも、何か1つ自慢できる何かをもっているべきである。

一方で、「これなら勝てるかも」という隙を見せることも大切である。片付けが得意な子供に対して、「○○さん、片付けが上手だなあ。先生が子供のときより100倍上手だよ」と褒める。かなわないと思っていた人に、多少の隙を見せられながら褒められると、うれしい気持ちになり、心を許せる。隙を見せることも信頼関係を結ぶ1つのポイントである。

（静岡県三島市立長伏小学校　大内裕生）

②子供のハートをつかむ自己紹介のコツ

〈小学校編〉

☆名前を覚えてもらえる自己紹介のコツ☆

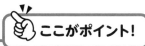 ここがポイント！

1　できるだけ短く、印象に残る自己紹介を考えよう。
2　自己紹介例１）くすっと笑える組み立てで、全体を巻き込もう。
3　自己紹介例２）変化のある繰り返しで、全体を巻き込もう。

詳しい解説

1　自己紹介の原則

自己紹介をする上で、気をつけたい点がある。

> **情報量が多くないか。**

まず、話す時間である。自己紹介で１分は長い。30秒程度で話せるように組み立てたいものである。

次に、内容の数である。いくつもの内容を盛り込みすぎると、何を伝えたいのかわかりにくくなる。30秒で伝えるのならば、話す内容も１つに絞るとよい。そのほうが、子供たちの印象に残るものだ。

その上で、次の３つのポイントは押さえておきたい。

> ⑴ 柔らかな表情（笑顔）
> ⑵ しっかりと通る声
> ⑶ 子供たち一人一人に送る温かな目線

これらのポイントを意識すると、子供たちに安心感を与えるスピーチになって

いく。実習に入る前に、鏡の前で練習をしたり、動画を撮ったりして、確認しておくとよいだろう。

2　全校集会での自己紹介例

　教育実習生には、全校の場で自己紹介をする機会がある。

　このような場面では、例えば、次のような自己紹介が考えられる。

> 「先生の名前は、富樫僚一です。先生の得意なことは、挨拶です。
> 　朝、先生を見かけたら『おはようございます！　富樫僚一先生！』と元気よく挨拶をしてください。
> 　お昼に会ったら『こんにちは！　富樫僚一先生！』帰りに会ったら『さようなら！　富樫僚一先生！』と挨拶してくれるとうれしいです。
> 　給食を食べるときには『いただきます！　富樫僚一先生！』食べ終わったら『ごちそうさまでした！　富樫僚一先生！』…というのは冗談です（笑）。
> 　先生の名前は、富樫僚一です。よろしくお願いします！」

　くすっと笑いが起きる組み立てになっている上、名前を何度も伝えている。名前を覚えてもらえる自己紹介としておすすめである。

3　教室での自己紹介例

　実習で担当する学級での自己紹介。先生の名前を、呼び方に変化をつけて、繰り返し言わせる例を紹介する。

> 「先生の名前は、富樫僚一です。（平仮名で黒板に書く）
> 　先生を呼びます。さん、はい。はいっ！（返事をする）よい声だなぁ！
> 　もし、図書室で先生を呼ぶときには小さな声で呼びます。さん、はい。
> 　もっと小さく。（ささやくように）もっと小さく。（ほとんど口パク）
> 　もし、校庭で先生を呼ぶときには大きな声で呼びます。さん、はい。
> 　はいっ！　先生の名前は、富樫僚一です。よろしくお願いします。」

　盛り上がること受け合いの自己紹介である。(宮城県仙台市立西多賀小学校　富樫僚一)

②子供のハートをつかむ自己紹介のコツ

〈中学校編〉

☆生徒が関わりたくなるようにする☆

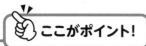 **ここがポイント！**

1　条件を確認しよう。
2　ハートをつかむ自己紹介"3つのコツ"

詳しい解説

1　条件を確認しよう

自己紹介に関して、事前に次のことを担当教師と確認しておきたい。

①いつ自己紹介するか（朝の会、最初の授業）。
②どのくらいの長さか（30秒間、1分間、3分間など）。
③使用できる道具はあるか（黒板、磁石、CDデッキ、スクリーンなど）。

　中学校は教科担任制である。配属された学級には朝の会で自己紹介するが、他学級には最初の授業で自己紹介をするということが往々にしてある。
　比較的、朝の会での自己紹介ならば短めがよい。健康観察を行ったり、連絡事項を伝えたり、授業の準備を行ったりと、やることが目白押しだからだ。
　授業での挨拶に関しても担当教師とよく打ち合わせておきたい。

2　ハートをつかむ自己紹介"3つのコツ"

(1) やりとりを交える

　一方的に名前や所属を述べるのではなく、生徒とのやりとりを交えたい。
　例えば、「私の好きなものは○○です。○○が好きな人？」のように質問を投げかけた後、手を挙げさせる。すると全体を巻き込める。

「私の好きなものは何でしょう？」と問いかけ、発言させることも考えられる。発言した生徒を褒められるので、他の生徒より1歩先に関係性を紡げる。

　また、自己紹介後に「質問はありますか？」と問う。やんちゃな中学生から「彼氏（彼女）はいますか？」と問われることもある。返答を想定しよう。

⑵ 「モノ」を用意する

　視覚情報はインパクトが強い。伝えようとする内容を、自分が実際に体験している写真や動画があれば活用できるとよい（「映え」ている必要はない）。

　教室に映像提示装置（スクリーン・プロジェクター等）があるならば、担当教師に活用してもよいかを確認する。使用可能ならばより惹きつけられる。

　もし装置が使用できない場合や、そもそも教室にないという場合は、大きく印刷した写真を持参するだけでも生徒の反応は変わる。

　実物が用意できるものならば、それを持ち込むことも考えられるだろう。

⑶ 担当教科の内容と絡める

　実習生が担当して教える教科の内容と合わせるのも1つの手だ。

　例えば英語。その時までに生徒が学習した事項を用いながら、自己紹介を英語で行う。その後 "What is my name?", "What do I like?" などと質問し、生徒に "Your name is …." のように返答させる。時間が許せば、生徒からも "Do you play tennis?", "What time do you get up?" のような質問をさせるとよい。

　例えば理科。自己紹介と関連する、簡単な実験を行う。下敷きと吸盤を持ち込み、教卓の上に設置する。「吸盤を引っ張って、下敷きを持ち上げてごらん」と投げかけ、生徒を前に呼んで挑戦させる。「なぜ外れないのか」を考えさせ、「私は大学でこうした大気に関する研究をしています」と締める。

　たかが自己紹介。されど自己紹介。自己紹介の後に、生徒が実習生に話しかけたくなるような、そんな自己紹介ができるよう工夫を重ねよう。

（山梨県公立中学校　広瀬　翔）

②子供のハートをつかむ自己紹介のコツ

〈高校編〉

☆自己紹介の「授業」をしよう！☆

 **ここがポイント！**

1　一方的な話ではなく、授業をしよう。
2　自分の経験に基づいた話をしよう。
3　生徒の名前を覚えておこう。

詳しい解説

　自己紹介から生徒のハートをつかむことができれば、HR指導や授業など、様々な面で有利になる。そのためのポイントは、以下である。

> 生徒たちに「この先生、何か違うな」と思わせる。

　そのためには、多くの先生がしないであろうことをすればよい。具体的な3つについて述べる。

1　一方的な話ではなく、授業をしよう

　長々と自己紹介をすると、話を聞くことが苦手な生徒の心が離れてしまう。一方的に話をする「講義」ではなく、双方向のコミュニケーションがある「授業」をするとよい。

　おすすめは、クイズ形式にすることだ。予想させ、指名し、発表させ、評価する。一連の流れができるため、楽しく生徒たちとコミュニケーションができる。

　問題は、先生の年齢、誕生日、高校時代にやっていた部活動などでよい。ヒントがないと正解することが難しいので、3択問題にする。

　プリントにして配付することで、話を聞くことが苦手な生徒も巻き込むことが

第Ⅰ章

第Ⅱ章

第Ⅲ章

第Ⅳ章

第Ⅴ章

第Ⅵ章

第Ⅶ章

できる。Word データが右の QR コードからダウンロード
できる。

2 自分の経験に基づいた話をしよう

　高校生は、大人である。教師の人となりを見抜く。

「この人は、うわべだけだな」と思われると、信頼と尊敬を勝ち取ることはできない。結果として、指導することが難しくなる。

　どこかから借りてきた言葉をそのまま使うのではなく、自分の経験に基づいた言葉で話すとよい。

　語る内容が立派な成功体験でなく、失敗経験だとしてもよい。自分が体験したこと、そこから学んだことならば生徒の心に届くものだ。

> 教師自身が腹の底から実感していることを語る。

3 生徒の名前を覚えておこう

　生徒たちに意見を求める際に、生徒の名前を呼んで指名できるとよい。そのために、実習が始まるまでの段階で生徒の顔と名前を覚えておく。事前の打ち合わせに行った際などに、名簿のコピーをもらうとよい。

　初日から、生徒の名前を呼べる実習生はほぼいない。現役の教師でも少ない。だからこそ、その努力をしてきたという事実が、生徒の心をがっちりつかむのだ。

> 生徒の心をつかむために、楽な方法はない。
> 名前を覚えるなどの地道な努力が必要なのだ。

　自己紹介がうまく終わったとしても、肝心の授業が楽しくないとせっかくつかんだ生徒の心が離れていってしまう。

　苦手な生徒ができるようになる授業。勉強が得意な生徒が間違い、苦手な生徒が正解するような授業。最先端の話題を紹介する知的な授業ができることが何よりも重要である。

（北海道公立高等学校　上田浩人）

③子供と楽しく交流できるレクリエーション
〈屋外編〉

☆屋外遊びで子供との関係をつくるポイント☆

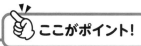 **ここがポイント！**

1　鬼ごっこ系の遊びはすすんで鬼になろう。トラブルも回避できて、子供たちが「楽しかった」と喜んでくれる。
2　ドッジボール系の遊びは負けそうなチームに入ろう。ボールをキャッチして投げるのが苦手な子に渡すことで、どの子も楽しめる。

詳しい解説

　子供たちは教育実習生のことを新しい先生であるとともに「一緒に遊んでくれるお兄さん・お姉さん」と思っている。その思いに応えることができるのは、休み時間の外遊びである。外遊びを通して、子供たちとの距離がぐっと近くなる。「先生、一緒に遊ぼう」と誘われたら、喜んで一緒に遊んでほしい。誘われなくても外に出て子供たちの遊びに入ったほうがよい。

1　鬼ごっこ系の遊びはすすんで鬼になろう

　鬼ごっこは、準備なしでできる子供が熱中する遊びである。しかし、子供たちは鬼になるのを嫌がることが多い。せっかく教育実習生がいるので「一緒に遊ぶと楽しい」と思わせたい。そこで、教育実習生が鬼になることをおすすめする。自分が鬼になると以下のようなメリットがある。

①　「タッチされた」「されていない」「1人ねらいされた」などのトラブルを回避できる。
②　走ることが得意な子には全力で追いかけてタッチをし、苦手な子はタッチできるかできないかくらいまで追いかけることで、どの子にも満足感を

与えることができる。

「先生が鬼をやるよ」と言えば、すぐに決まる。鬼を決める時間の短縮にもなる。終わった後には「先生、足が速い」「私、先生にタッチされなかったよ」と子供が親しく話しかけてくれるようになる。

2　ドッジボール系の遊びは負けそうなチームに入ろう

ドッジボールは、昔も今も子供たちに人気の外遊びである。鬼ごっこに比べ、ドッジボールは教師の目が届くので、早期のトラブル対応ができる。しかし、ボールを投げる子が偏ってしまい、他の子は逃げるだけになってしまう。そこで、男子対女子にして女子チームに教育実習生が入ることをおすすめする。

ドッジボールの得意な男子は教育実習生を当てようと気合を入れ、苦手な子の多い女子は「先生が一緒なら勝てるかもしれない」と期待を抱くことで意欲的に参加する。全力で参加してもよいが、子供たちに「楽しかった」と思わせるために次のことをするとよい。

①　教育実習生が男子の投げるボールをキャッチして、女子にボールを渡す。
②　どの子も投げることができるようにボールを渡す。

どの子もドッジボールに参加した満足感が得られ「先生、次もドッジボールに来てね」とお誘いがあったり、「次は先生を絶対に当てる」と話しに来る男子がいたりする。

3　「みんな遊び」を企画してもらう

休み時間の外遊びでほとんどの子と関係をつくることができるのだが、外遊びをしない子やおとなしい子との関係づくりをするには子供たちの実態を知っている担任の先生に、学級全員が一緒に遊ぶ「みんな遊び」をしてもらうようにお願いするとよい。

（愛知県公立小学校　宮島　真）

③子供と楽しく交流できるレクリエーション

〈室内編〉

☆教育実習オススメレク "4＋2" ☆

 ここがポイント！

「短時間でクラスの子供全員が楽しめる」ことがポイントである。

　この条件を満たすようなレクをたくさん知っておくと、教育実習の際に子供との信頼関係を築くための手助けとなる。

詳しい解説

1　一致ゲーム（対象：全学年・時間：4分程度）

⑴ ルール

　教師と動作が一致すればラッキーというレク。

⑵ レクの手順

> 真似します。パン（拍手）パン（拍手）パン（拍手）。
> パン（拍手）パン（拍手）スッ（空振り）。
> このどちらか、先生と一緒になるかな。

2　炙りカルビゲーム（対象：全学年・時間：6分程度）

⑴ ルール

　順番に言っていき、だんだんと「炙りカルビ」と言う数を増やしていくレク。

⑵ レクの手順

> 先生の言葉を繰り返します。
> 炙りカルビ。（炙りカルビ。）
> 炙りカルビ炙りカルビ。（炙りカルビ炙りカルビ。）

順番に言っていきます。

次の人は、前の人より１回多く「炙りカルビ」を言います。

3　落ちた落ちた（対象：全学年・時間：７分程度）

⑴ ルール

教師が落ちた物を言い、子供はそれに適したジェスチャーをするレク。

⑵ レクの手順

落ちた、落ちた（落ちた、落ちた）。

何が落ちた（何が落ちた）。

みんなは、「何が落ちた」だけを言います。

落ちた落ちた（何が落ちた）、リンゴ、と言ったら手を前に出してキャッチ。

落ちた落ちた（何が落ちた）、雷、おへそを守ります。

落ちた落ちた（何が落ちた）、げんこつ、頭を守ります。

4　無の世界（対象：全学年・時間：５分程度）

⑴ ルール

どのくらいの時間、音を立てずにできるかを楽しむレク。

⑵ レクの手順

無の世界です。

音を出したら終了です。

音を出さなければ、教室を歩いても寝ていても大丈夫です。

一致ゲーム　炙りカルビ　落ちた落ちた　無の世界　シャッターチャンス　プリンゲーム

上のＱＲコードより、本稿で紹介したレクを
動画で視聴できます。

（千葉県公立小学校　片岡友哉）

③子供と楽しく交流できるレクリエーション

〈学習ゲーム編〉

☆絶対に盛り上がる「向山型漢字探し」☆

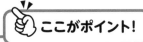 ここがポイント！

　向山型漢字探し。「田に×の中にある漢字を探す」「口に二画つけ加えて漢字を作る」で、子供たちが熱中すること間違いなし。
　さらに「〇個書けたら１年生」と声をかけながら教室を盛り上げよう。

詳しい解説

　担当教官の出張やトラブル対応のため不在の上、補助の先生もいないことがある。そこで子供たちが熱中し盛り上がる「向山型漢字探し」を紹介する。

1　向山型漢字探し

　子供たちが熱中する学習ゲームの代表といえば「向山型漢字探し」である。次の２つがある。

(1)　田に×の中にある漢字を見つけなさい。
(2)　口に二画をつけ加えて漢字を作りなさい。

2　田に×の中にある漢字を探す

(1)のほうがたくさんの漢字が出てくるので、(1)の問題から始めることをすすめる。
①「田に×（田に×）」と黒板に書く。
②「この中からどんな漢字が見つかりますか」と尋ねる。
③田に×からできるだけたくさんノートに書かせる（口、田、一、十…）。
④（５分程度経ったら）子供の書いている様子を見て「いくつ書けましたか」
　と聞く。一番たくさん書けた子を指名し、黒板に書かせる。

⑤「あと３つ足せる人？」と聞く。手を挙げた子が黒板に書く。また「あと３つ足せる人？」と聞く。

⑥３つ足せる子がいなくなったら「２つ足せる人？」「１つ足せる人？」と聞き、黒板に書かせる。

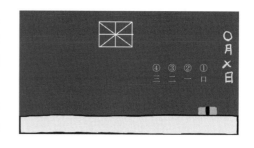

クラス全部、出し切ったら「みんなの力を合わせてこんなにたくさん探すことができたね」と褒めるとよい。

（解答例）田、上、一、二、三、木、米、日、旧、口、下、人、入、不、平、水、氷、火、大、犬、太、円、六、七、八、山、出、王、玉、川　など

3　口に二画をつけ加えて漢字を作る

(2)の問題はできる子はどんどん書けるが、できない子はすぐに書けなくなる。そこで次のように目安を示す。

○個書けたら１年生、□個書けたら２年生、△個で３年生、◎個で４年生、●個で５年生、▲個で６年生だ。

子供たちは「えっ？」と驚き、「俺、１年生じゃん」と言いながら漢字を書きだす。「先生、□個書けました」「△個書けた」と報告があるので、「すごいな。３年生だ」など、褒めるとよい。

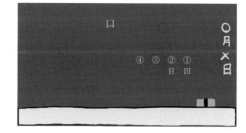

３年生以上なら国語辞典や漢字辞典を使うことを認めるとさらに熱中する。

教育実習生は ICT 機器を持ち込んで授業をするのが難しいので、黒板を使ってすぐにできるゲームを紹介した。ぜひ、教育実習期間中に教室で取り組んでほしい。

【参考文献】『面白レク＆学習ゲーム 55 選』平山靖編著（学芸みらい社）

（愛知県公立小学校　宮島　真）

1 学習指導案の書き方

〈児童・生徒観〉

☆一般的なことは書かない！☆

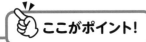 **ここがポイント！**

1　研究テーマや単元の目標と関連させて書く。
2　具体的数値を入れる。

詳しい解説

1　研究テーマや単元の目標と関連させて書く

⑴　よくある「児童・生徒の実態」

このような「児童・生徒の実態」をよく見かける。

---

①明るく素直な児童・生徒が多い。

②意見を人前で発表することのできない子が多い。

学級の全体像がわかるような書き方にも見えるが、これらは指導案に書く内容ではない。「明るく素直なこと」を研究するわけではないからだ。

以下は、私が教職２年目のときの指導案の一部である。

（1）学級の実態
　男子１７名、女子１４名の学級である。男女とも素直な子が多い。
　全体的に落ち着いた雰囲気である。話を聞かなければならない時は、しっかりとした姿勢で聞けるようになってきた。しかし、ぼっとしてしまう子、手をいじってしまう子もいる。そこで、指示を聞き損ね、行動に移せないということもしばしばある。今後、更なる指示の徹底が必要である。
　学習面でも、同様のことが言える。
　また、自分の意見をノートに書くことまではできるが、その意見を人前で発表することのできない子が多い。今後、自由に発言できる学級の雰囲気づくり、指導の改善が必要である。

この当時の、研究テーマは「音読」であった。「音読」とは全く関係ないことが書かれている。ダメな例である。

⑵ 研究テーマと関連したことを書く

先ほどの指導案の続きである。研究テーマと関わった実態を記入しようということは伝わる。先ほどの⑴をカットして、この部分から入るとよいのだ。

（２）音読にかかわっての実態
　６月１０日（火）１校時に音読についての実態調査を行った。
　扱った教材文は「広い言葉、せまい言葉」である。
　この段階での、音読の実態を把握したかったため、児童が一度もみたことのない教材文を選んだ。

2　具体的数値を入れる

児童・生徒の実態に数値を入れることで、授業によってどのくらい変化したのかがわかる。「多い」だけだと、変容の様子がわからない。

×音読で読み間違える子が多い→○音読で５箇所以上読み間違える子４名
このように具体的な数値を入れるのだ。

\<６月１０日（火）の音読調査の結果（「広い言葉、せまい言葉」）\>				
番号	氏名	読み間違い	評価	その他
1		5	C	
2		5	C	
3		3	B	
4		5	C	
5		5	C	

具体的な数値を入れるためには、「調査」を行う必要がある。新卒２年目の私も上記のような音読調査を行っていた。調査を行うことにより、研究テーマについての具体的な数値を得ることができる。

具体的数値を押さえているからこそ、苦手な子、できない子への次の手立てを考えることができるのだ。

←本論文に掲載した新卒２年目の指導案はこちらより

（北海道千歳市立北進小学校　赤塚邦彦）

1 学習指導案の書き方

〈指導観〉

☆教材と実態を埋める工夫を書く！☆

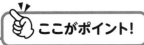ここがポイント！

1　指導観とは、「教材観」と「児童・生徒観」の差を埋めるための工夫を書く。
2　指導観はどこに書くのか。
　教材観　→　児童・生徒観　→　指導観　の順である。

詳しい解説

1　指導観とは何か

　教師が子供たちに教えたい内容が「教材観」である。

　目の前にいる児童生徒の実態が「児童・生徒観」だ。

　教えたい内容と児童生徒の実態には、差があることが多い。その差を埋める具体的な指導の工夫が「指導観」である。

　勤務している学校で書かれている学習指導案を見てもらいたい。

「指導観」が書かれているか。

②「指導観」について
　以上のことから、本単元では、読み取りの学習では、「登場人物の相互関係や心情、場面についての描写」をしっかりと扱う。根拠を教科書に求めることができる問いを出す。特に「大造じいさん」と「残雪」の相互関係を今までの学習で行ってきた「中心人物はどちらか」という問い、「物語の主題は何か」という問いで迫っていきたい。
　それらを「伝え合う」展開となるように、「考えをノートに書く」作業を取り入れたり、「小グループで意見交換する」場を作ったりしていく。
　以上のような指導で、「作品を自分なりにとらえ」させた上で、単元の終末部分で、「朗読」する活動を取り入れる。我が学級の実態から、「朗読」する場面は局面に限定する。もちろん言うまでもないが、少ない時間でも毎時間の音読も大切にしていく。

第Ⅰ章

第Ⅱ章

第Ⅲ章

第Ⅳ章

第Ⅴ章

第Ⅵ章

第Ⅶ章

　大変恥ずかしい話だが、私は教職11年目まで指導案に「指導観」を書いたことがなかった。11年目に初めて研究部長になり、「指導観」を指導案に掲載することを提案するまで、一度も書いたことがなかったのである。

　この「指導観」が書かれていないということは、具体的な指導がないということに他ならない。学習指導案を書く際には、ぜひ力を入れていきたいところである。

2　指導観はどこに書くのか

　「教材観」、「児童・生徒観」、「指導観」。これらはどのような順序で書くべきなのか。勤務する学校の指導案を見ていただきたい。

　指導要領、教科書に沿って授業を進めていく場合、

(1)　教師が教えたい内容がある。→「教材観」

(2)　教えたい内容についての実態はどうなのか。→「児童・生徒観」

(3)　(1)と(2)の差を埋める指導を書く。→「指導観」

というのが、順序になると考えられる。

　2　題材について
　題材設定の理由
　（1）【児童生徒の実態】　←出発点です。詳しく書いてください。

　※1　ここに研究に関わる児童生徒の実態を必ず入れてください。言葉の有無、心の理論の獲得の有無
　※2　また、それ以外の個別の実態を必要に応じて入れてください。（題材に関する観点のみ）

児童生徒	個別の実態（題材に関する観点で書く）
（年）	
（年）	
（年）	
（年）	

　（2）【題材の意義・価値】　←題材に関して、教材研究をしたことを書いてください。
　　　　　　　　　　　　　　　【どのようなことをさせたいのか】という視点で書きます。

　（3）【指導観】　←「題材の意義・価値」と「児童の実態」にはズレが生じるはずです。
　　　　　　　　　　　そのズレをどう埋めるか、「手立て」を書いてください。
　　　　　　　　　　　【どのような方法で】という視点で書きます。

　　　　　　　私の現在の勤務校の指導案ひな型である。子供の実態差が多いので、「児童・生徒観」から意図的に書くことを提案したものだ。

（北海道千歳市立北進小学校　赤塚邦彦）

①学習指導案の書き方

〈教材観〉

☆内容とともに学習方法まで書く！☆

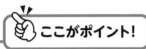ここがポイント！

1　自分か行った教材研究を書く。
2　「教えたい内容」と「身に付けさせたい学習方法」を書く。

詳しい解説

1　自分が行った教材研究を書く

　私が教育実習に行き、指導案を書く際に、次のようなことを指導教官の先生に言われた。

　「教材について（教材観）は、指導書に書かれているよね」

　私は、この言葉を真に受け、指導書を丸写しし、教育実習時の研究授業に臨んだ。

　このような心持ちではいけない。教材観の項目には、自身が教材研究を行い、教材についてどのような分析を行ったかを書くべきである。

２．教材について

　「絵文字」は身近にたくさん見られるものの、児童にとってはあまり耳慣れない言葉である。
　この教材にはたくさんの写真が示されている。これらの写真によって、絵文字というものの理解が容易になるであろう。
　本教材は、３つの段落で構成されている。
　第一段落は、中心語句をとらえる段落である。
　第二段落は、問題が提起されており、それに答えていく段落である。
　第三段落は、筆者の主張を述べている段落である。

　第一段落では、絵文字とは何であるかをしっかりと押さえさせる。
　第二段落では、「このように、たくさんの絵文字が使われているのは、なぜでしょうか。」と問いを出している。その答えとして、絵文字には３つの特長があるからと述べている。説明的文章の構造をしっかりと理解させるため、問いと答えの文をしっかりと対応させる。
　第三段落では、筆者の主張を読み取らせる。

　以上のような、読み取りを行うために多様な音読を取り入れる。また、繰り返し読むことで、正しく読むこと、正しく理解することを指導していきたい。

　新卒２年時の私が書いた指導案の一部である。指導書丸写しではないと思うが、ほぼ丸写ししたのではないかと思えるような書き方である。少なくとも自身の分析はほとんど書かれていない。よくない例である。

2　「教えたい内容」と「身に付けさせたい学習方法」を書く

　「教材」観であるから、教材についての内容のみを書けばよいと思いがちである。私もそうである。しかし、それだけだと不十分だ。この「教材」を活用してどのようなことを「身に付けさせたい」のかという「学習方法」も書くべきである。学習方法を蓄積していくことで、異なる教材を学ぶときに活用することができるようになるのだ。

---

②言語活動に関わって
　教科書会社の指導書には、次のように書かれている。

事物（町）のよさを人に薦めるために、複数の情報内容を編集する活動を行う。（P．１７６より）

　とうや小では、今年度からから「言語活動」について取り組んでいく。
　「言語活動」の中でも特に「説明」「報告」「感想」の３つに絞った授業を展開する。
　複数の情報内容からどうして「その」情報を選んだのかを絶えず考えながら作業することになる。
　これは言語活動「説明」に他ならない。
　とうや小では５，６年生で身につけさせたい「説明」の力は

理由や根拠を示しながら説明することができる。

である。
　パンフレット作りをさせるのだけれども、「説明」という活動も忘れずに行わせる。

③教材・題材について
　子供たちにとっては、意欲を持ちやすい題材であると思う。
　身近な町の「よさ」に目を向け、「人に薦める」活動を行うことで、町について「再発見」や「再認識」をすることもできるだろう。

　教職14年目の際に書いた指導案である。
　「まちのよさを伝える」という学習内容と「パンフレットの作り方」、「説明」という学習方法の両方を記入している。「まちのよさを伝える」内容の学習をする中で、「パンフレットの作り方」「説明」という学習方法を習得させるという意図が読み取れる。

←新卒２年目時、教職14年目時の指導案収納

（北海道千歳市立北進小学校　赤塚邦彦）

①学習指導案の書き方

〈ねらい〉

☆ねらいは、語尾に気をつける！☆

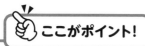 ここがポイント！

単元、本時のねらい（目標）の語尾によって行う学習活動が変化する。

1　知る
2　気づく
3　理解する
4　できる

詳しい解説

◆単元、本時のねらい（目標）の語尾によって行う学習活動が変化

　学習指導案には、単元、本時の「ねらい（目標）」が書かれる。

　何気なく文章化しているが、ねらい（目標）の語尾に注目してみることが大事である。

　語尾によって、子供たちの学習活動、教師の教授活動が変わってくるのだ。

⑴ 知る

　例えば、算数で「たし算の筆算のやり方を知る」という目標があったとする。「知る」というのは子供側から見た視点である。教師側からの視点でいえば、「知らせる」となる。では、「知らせる」とは、どのような教授活動になるのか。

　知識の提示である。「やり方を読んで示す」「やり方を黒板に示す」などの教授活動を受け、子供たちがその知識を「知る」ことになる。「知る」という語尾が出た場合は、教師側から何らかの知識の提示がある授業といえよう。

⑵ 気づく

　例えば、理科で「磁石につくものとつかないものがあることに気づく」という目標があったとする。

　子供が「気づく」ためには、たくさんの体験が必要となる。たくさんというのは時間でいえば、子供たちが飽きてしまうくらいたっぷりの時間を指す。このくらいたくさんの時間を与え、作業させることで、子供たちはその違いに「気づく」のである。1時間程度の時間では足りない。この語尾を使うときには、そのくらい余裕のある指導計画を立てることが必要だ。

⑶ 理解する

「理解する」というのは、「知る」とは大きく異なる。

　例えば、AとBという答えが子供たちから出たとする。AとBについてそれぞれの意見が発表され、時には討論になる。その検討の中で「Aだと思っていたけれども、Bだということがわかった」という状態が「理解する」である。つまり、「理解する」ためには「異なった意見の検討」の場がなければいけないのだ。指導計画、本時の展開の中で、このような検討がない場合に、ねらい（目標）の語尾に「理解する」とはつけてはならないだろう。

⑷ できる

「できる」とはどのような学習活動が必要なのか。

> ①お手本による模倣
> ②反復による習熟
> 　　　『合格する"指導案・学級経営案"のたて方・つくり方』谷和樹編著（明治図書）

　例えば、算数で「分数のわり算を計算することができる」というねらい（目標）であったならば、教師が教えたとおりにノートに書く活動であったり、練習問題の場面で、教わったとおりにノートに問題を解く活動があったりしなければならないことになる。

「できる」と言い切ることに抵抗がある場合もあるかもしれないが、子供がどのような状態になればよいのかということがこれ以上鮮明なものはない。「できた」か「できなかった」かの2つである。このような語尾のねらい（目標）を掲げ、子供たちが「できた」と思うような授業を組み立てたい。

（北海道千歳市立北進小学校　赤塚邦彦）

①学習指導案の書き方

〈本時案〉

☆授業の生命線は「発問」と「指示」☆

 ここがポイント！

1　授業は「発問」と「指示」で展開される。
2　「発問」と「指示」を本時案に明記する。

詳しい解説

1　授業は「発問」と「指示」で展開される

次の２つの表記。どちらのほうが授業の場面をイメージしやすいだろうか。

A　この段落で大事な言葉を探させる。

B　（一）の段落で一番大事な言葉は何ですか。ノートに書きなさい。

AもBも同じことをさせたいのだが、Bのほうが何をすべきかが明確であると思う。それは「発問」と「指示」がしっかりと書かれているからである。

展開 (35分)	3　前時の内容を思い出す。	3　作った料理と材料に関する復習をする。	3前時のコンテンツ等を提示する
	4　かぼちゃだんごの材料を思い出す	4　発問「かぼちゃだんごを作るときに、どの材料を使いましたか。プリントに書きます」	4昨年度までの調理学習の写真を用意する。
	5　発表する。	5　指示「〇〇さんは、どんな材料を使いましたか。発表します」	5プリントに沿って言わせる。
	6　カレーライスの材料を思い出す	6　発問「カレーライスを作るときに、どの材料を使いましたか。プリントに書きます」	6昨年度までの調理学習の写真を用意する。

私が書いた指導案の本時案だが、教師の活動の部分には「発問」「指示」が書かれている。このように、直接子供にしゃべるように書くことで、参観者がわかりやすい。この指導案を見て、授業をやってみようと思ったときにそのまま授業

することができる。そして、何よりも授業者が言葉を吟味することができる。よいことづくしである。

2 「発問」と「指示」を本時案に明記する

　以下は、新卒2年目の時の私の書いた指導案の一部である。

読 み 取	4．第一段落の学習 発問1　（一）の段落で一番大切だという言葉は何ですか。ノートに書きなさい。		○　キーワード「絵文字」を探させる。 ○　理由もノートに書かせる。 　・題名にも使われているから 　・一番多く出てくる言葉だから
	絵文字とは、どのような記号でしょうか。		
	発問2　絵文字とは、どういう記号なのですか。ノートに書きなさい。		○　"つたえたいことを色と形にして、見ただけでわかるようにした記号"が正答であることを言う。板書。 ○　文末を記号とするように書かせる。
	発問3　（「止まれ」の絵文字を提示して）これは何ですか。ノートに書きなさい。		○　「止まれ」である。

「（子供の）学習活動」と「（教師の）教授活動」がグチャグチャに書かれていたり、備考欄の部分に「教授活動」のことがほとんどで、留意点が書かれていなかったりとツッコミどころ満載であるが、1つだけよいところがある。それは

　「発問」と「指示」を本時案に書いている

ことである。

　学校現場では、「発問」と「指示」が書かれていない学習指導案が意外と多い。書くことで軋轢が生じることもあるかもしれない。

←新卒2年目時、教職19年目時の指導案収納

（北海道千歳市立北進小学校　赤塚邦彦）

①学習指導案の書き方

〈板書計画〉

☆どのような板書にするか計画を！☆

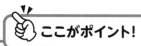　ここがポイント！

1　板書は指導案を図式化したもの
2　①めあて・課題・発問→②子供の考え→③まとめ、の３つが基本
3　板書によって、子供の発言をわかりやすく整理する。

詳しい解説

1　板書は「指導案を図式化したもの」と考えるとわかりやすい

　指導案には、基本的に①「めあて・課題・発問」、②「子供の考え」、③「まとめ」が文章で書かれている。「指導案に書かれた文章を図式化したものが板書計画」として考えると、わかりやすい。

　以下は、社会科「水産業」の単元での、板書計画と当日の板書である。

　左上に本時の課題、左下に自分の予想、真ん中から調べてわかったこと、右下に本時のまとめ、が計画されている。

なぜ、漁業生産量が減っているのだろうか。

「予想」
1　危険な仕事で、やる人が減っているから。
2　輸入が多くなっているから。

「調べてわかったこと」

A　漁業をしてよい範囲が制限された。（200海里水域）
B　漁業を仕事にする人の高齢化が進んでいるから。（後継ぎ問題）
C　外国からの輸入された安い魚が増えたから。

漁業生産量が減っているのは、次の理由による。
1　漁業区域が制限された。
2　・・・
3　・・・

　もちろん、計画はあくまでも計画なので、当日と板書が異なることもある。上記は基本的なもので、教科、単元、本時の展開によっても書き方は変わってくる。実習の際に、様々な教室の板書を見てみることも学びになる。

2　板書によって、子供の発言をわかりやすく整理する

　上の写真では、「資料から」（資料を調べてわかったこと）という箇所を ABCD で分類している。これは、子供の意見を教師が分類・整理した様子である。

　資料で調べた後、高齢化のことを発言する子もいれば、輸入についてのことを発言する子もいる。消費量の減少について発言する子もいる。それらの発言を羅列していくのではなく、「今の発言は高齢化についてのことだからここに」「輸入関係の発言はここに」というように、教師が板書の際に整理してあげることが大切である。

　さらに、キーワードを○で囲むなどする。そうすることで「まとめ」を書かせる際に、学習が苦手な子でも「黒板を見ればまとめが書きやすく」なる。

3　板書計画とともにノート計画も

　黒板は横長だが、ノートは縦長である。例えば、4年生の算数「大きな数」で桁数が多くなる場合などは、ノートに1行で入らないことがある。また、国語などで1行あけて書かせる場合がある。そういった細かいところまで意識するために、余裕があれば「実際の子供のノートと同じものを教師があらかじめ書いてみる、ノート計画」をやってみるとよい。

（神奈川県川崎市立小学校　田丸義明）

②学習指導案―すぐ共有できる参考例

〈小中高の各教科・養護・栄養〉

☆「学ぶ」とは「真似ぶ」☆

 ここがポイント！

1　指導案書きは難しい。
　　まずは真似するところから始めよう。
2　書いていくうちにわかってくる。
　　添削されながら、書き方を理解していこう。

詳しい解説

医者は、患者さんの症状を記録し、「カルテ」を書く。

美容師は、お客さんのカットを記録し、「カットメモ」を作る。

建築士は、建てる家を計画し、「建築図」を描く。

どれも、その道のプロでないと読み解くことのできない、専門的な文書である。

「指導案」は、授業のプロである教師の書く「授業の設計図」である。

したがって、正しい形でそれを習得するのは、容易なことではない。

とはいえ、指導案には、「型」がある。

学ぶとは、そもそも「真似ぶ」ことであるという。

ならば、まずは真似をして書いてみるのが、上達の近道である。

本稿では、執筆者の先生たちの協力のもと、様々な教科、様々な校種の指導案を収録した。

自治体により、若干の違いはあるだろうが、ぜひ、参考にしてもらえればと思う。

（愛知県名古屋市立浮野小学校　堂前直人）

以下のＱＲコードを読み取ると、指導案例を見ることができます。

＜小学校＞

２年国語　　　　３年国語　　　　４年道徳　　　　５年国語

５年社会　　　　５年社会　　　　５年理科　　　　６年国語

６年国語　　　　特支算数　　　　保健　　　　　　栄養

＜中学校・高校＞

中１英語　　　　中２社会　　　　高校理科

第Ⅰ章 第Ⅱ章 第Ⅲ章 第Ⅳ章 第Ⅴ章 第Ⅵ章 第Ⅶ章

① 「授業の流れ」で進んでいく

〈発問→指示→活動→評価評定〉

☆授業を組み立てるための３つのポイント☆

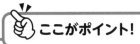 **ここがポイント！**

1　発問の後には、どのように活動するとよいか、指示をしよう。
2　子供が活動を始めたら、確認し、褒めよう。
3　ノートに実際に話すように、指導言を書き出そう。

詳しい解説

1　授業の基本的な流れ

　授業中に教師が行う意図的な問いかけのことを発問という。授業は発問なしには成立しない。子供が思考しないからだ。

　発問した後には、指示が伴うべきだ。指示とは、どのようにして考えるのか、考えたことをどう表現するのか、子供に示す行為である。

　次のような発問があったとしよう。

発問「モチモチの木の登場人物は誰ですか。」

　この発問の後には、指示がない。この場合、子供はどのような反応をするだろうか。想像していただきたい。

　手を挙げる子、教科書を眺める子などはまだよいほうである。

　多くの子は、何もしない。何をすればよいのかわからないのだ。

　これは、子供が悪いのではない。教師が悪いのである。

　この発問に指示を加える。例えば、次のようになる。

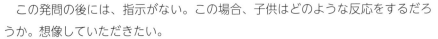

発問「モチモチの木の登場人物は誰ですか。」

第Ⅰ章　第Ⅱ章　第Ⅲ章　第Ⅳ章　第Ⅴ章　第Ⅵ章　第Ⅶ章

指示「ノートに箇条書きにします。」

　指示を加えることで、「登場人物を探し、ノートに箇条書きにする」という子供の活動を促すことができる。

　指示がなければ、子供は活動しないのである。

　授業は、基本的に次のような流れの連続で組み立てられる。

発問→指示→確認→称賛

　子供が活動をしたら、そのことを見取り、褒めることが大切だ。

2　褒めるために「確認の原則」

　子供が活動を始めたら、きちんとできているか確認する必要がある。

　そして、できている子を見つけ、褒めるのである。

「太郎くん、きちんと箇条書きにして書いているなぁ」

「花子さんは、もう2人も書いているね」

などと、机間指導をしながら教師が話せば、子供たちはさらにやる気になる。

　このように、達成率を確認することを向山洋一氏は「確認の原則」と紹介された。詳しくは、本書84、85ページをご参照いただきたい。

3　おすすめのノートの作り方

　発問や指示、説明などの教師が授業中に発する言葉を指導言という。

　こうした指導言は、実際に話すように、ノートに書き出すとよい。

　おすすめのノートの作り方がある。

ノートの左側に略案を貼る。
右側の上部には教科書のコピーを貼り、下部には指導言を書き出す。

　見開き2ページにまとめることで、教科書と大まかな流れを確認しながら、詳細な流れを考えることができるようになるのだ。

（宮城県仙台市立西多賀小学校　富樫僚一）

②板書のポイント

〈参加型、構造型事例〉

☆板書の書き方のコツ☆

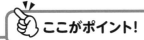 ここがポイント!

1　「課題」と「まとめ」を対応させる。
2　子供の意見を板書によって整理する。
3　板書で手一杯にならず、子供の顔を見て発言を聴くことも大切。

詳しい解説

1　板書は「課題」と「まとめ」を対応させる。子供の意見の整理をする

　板書を、①「めあて・課題・発問」、②「子供の考え」、③「まとめ」の3つで考えるとわかりやすくなる。

　板書のポイントの1つ目は、「めあて・課題・発問」と「まとめ」を対応させることだ。例えば5年生の算数で、「平行四辺形の面積はどのようにして求められるのだろうか」という課題に対して、まとめは「平行四辺形の面積は、図形の一部を動かして長方形に変形すれば求められる」となる。「平行四辺形の面積は〜求められるのだろうか」で問われているから、「平行四辺形の面積は〜で求められる」と対応させるということである。

　同様に「消防署の人たちはどのようにして現場に素早くかけつけているのだろうか」という課題であれば、「消防署の人たちは、このようにして（このようにすることで）現場に素早くかけつけている」というまとめになる。

　ポイントの2つ目は、「子供の意見を整理して板書する」ことだ。子供の発言を要約したり、キーワード化したりして板書する。似た意見ならば、近くに書いたり線で結んだりする。反対の意見ならば両端矢印（↔）を使う。などすると、意見の関係性が視覚的に見えてくる。

　日本の貿易の特徴について考えた授業。「相手」「もの」「お金」などキーワードで括っている。まとめの文章を全て子供に書かせることもあるが、難しそうなときには穴埋め形式にする場合もある。

　国語「やまなし」の主題を考える授業。意見を板書することが、この後の話し合いの際の視覚的な支援となる。

2　「ひたすら板書」ではなく、子供の意見を「聴く」ことも大切

　子供が発言している時に黒板のほうに体を向けて板書することもあり得るが「板書をせずに子供の顔を見て、意見を聴く」ということもあり得る。

　特に低学年や発言に自信がもてない子には教師が「うん。うん」とうなずきながら聴いてあげる姿を示すことが重要になる。また、「今のAさんの意見、Bさんはどう思う?」と発言を「つなぐ」役割に徹することもあり得る。

　では、どうするか。例えば、いったん、板書せずに子供の発言を聴く。その後、「今までみんなが発言してくれた意見にはどんなものがあったかな?　先生が今からみんなの意見を黒板にまとめて書くから教えて」と言って、「聴く時間」と「板書する時間」を分けるという方法がある。

（神奈川県川崎市立小学校　田丸義明）

③わかる「授業の原則10か条」
〈①趣意説明の原則〉

☆自分から考えて動く子を育てる指示の出し方☆

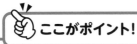ここがポイント!

　児童生徒に指示を与えるとき、指示の意味を語ることが重要である。児童生徒が、「なぜそうするのか」「どうしてそうなるのか」をわからずに活動している状態ではなく、「こういう目的でこれをやっている」と理解して行動することで、授業でも自ら考えて行動できるようになっていく。

詳しい解説

1　趣意説明とは

　趣意説明とは、活動の指示を出す際に、「なぜそうするのか」「どうしてそうなるのか」を児童生徒に端的に説明することである。活動の目的を説明することで、児童生徒が段階的に自ら考えて行動できるようになっていく。

2　指示の方法

⑴ やることだけを言う

「話を聞くときは鉛筆を置きなさい。」

　児童生徒が、何のために行動をしているのか考えなくても動く「号令」に当たる。つまり、児童生徒一人一人の自主性を大切にしているとは言い難い。全てがこのような指示だと、児童生徒が、教師に指示されたことだけやればよいと考えるようになり、授業においても受け身の姿勢になってしまう。教育実習でも、1時間の授業で多くの指示を出すことになる。その際に、活動の内容を端的に伝えることはとても重要だが、やることだけを指示したのでは、教師側のレールに児童生徒を乗せただけになる。

(2) 趣意とやることを説明する

「話に集中するために、鉛筆を置きなさい。」

「なぜそうするのか」「どうしてそうなるのか」という趣意を児童生徒に説明した上で、活動の指示を与える。学期が始まった4〜6月頃に多く使われる方法である。児童生徒が、何のために活動をしているのか納得し、具体的に何をすればよいのか慣れていく段階だからである。

　教育実習で気をつけたいポイントとして、

趣意説明と指示は、短く端的にすべき。

というものがある。よく陥ってしまうパターンとして、丁寧に説明しようと、何分も何分も説明してしまうことが挙げられる。これでは、児童生徒も飽きて、だらけてしまう。授業での活動時間も減ってしまう。一言で活動の趣意を説明できるようにしておく練習が大切である。

(3) 趣意を説明し、やることを任せる

「話を集中して聞くために、どうしますか。」

　これは、「なぜそうするのか」という、活動の趣意のみ説明し、行動は本人に任せるという、児童生徒の自主性を尊重した指示の出し方である。児童生徒が学級に慣れてきた後期に多く取り入れたい方法である。これにより、行動の中身は本人が考えることになるため、児童生徒の自主性を育成することができる。教育実習で授業をする際も、段階的にこの方法を取り入れていくことにより習慣化する。活動の趣意を児童生徒が納得できていれば、教師が一から十まで説明しなくても児童生徒が自分たちで考えて活動することができるため、授業をスムーズに進められる。

（神奈川県横浜市公立小学校　織茂眞彩）

③わかる「授業の原則10か条」

〈②一時一事の原則〉

☆子供を動かすには明確な指示を！☆

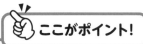 ここがポイント！

教師の指示は「具体的」でなければならない。
抽象的、曖昧、つけ足しなどは、できるだけ避けるべきである。
そういうことがあると、集団は混乱してしまう。
まずは１つだけを示し、それをやらせ、その次に別の１つを示す。
そのほうが全員に理解させることが可能であり、子供のためになる。

詳しい解説

1　一時一事の原則って何？

一時に一事を指示せよ。
子供たちに指示を与える時の、基本原則である。
同じ時に、二つも三つも指示を与えてはいけない。

『新版 授業の腕を上げる法則』向山洋一著（学芸みらい社）

　子供たちが指示どおりに動かないのは、教師の指示の出し方に問題がある場合が多い。聞いていない子供が悪いのではなく、子供にとってわかりやすい指示であるかを見直す必要がある。同じ時に、２つも３つも指示を与えるのではなく、１つだけを指示することで、子供を動かすことができる。

2　教師１年目の失敗

⑴ 提出物で大混乱

　夏休み明けの提出物確認。１時間を使って、子供たちの夏休みの宿題を回収し

た。

「先生の話をよく聞いてくださいね。まずは、夏休みの練習帳を集めます。教卓の上に出してください。次に、ポスターを集めます。ポスターを描いた人は、隣の空き教室に持って行きましょう。工作をしてきた人はいますか？ 工作も、同じように隣の教室に持って行きます。ドリルや自習をやってきた人は先生の机の上に置いておきなさい。全部提出したら、読書をして待っていましょう。」

　この後、子供たちはどうなったか想像ができるだろうか。ある子は、「これどこに出すんだっけ？」と友達とおしゃべり。ある子は、「先生、貯金箱作ってきたんですけど、どこに出しますか？」と大きな声で質問をする。ある子は「先生、漢字ドリルを忘れました」と報告にくる。教室は収拾がつかないほどに、騒然となった。

⑵ 今ならこうする

①行動させるなら、同じ時に1つの指示だけ

　子供を動かすなら、指示を1つだけにするとよい。

「まず、夏休みの練習帳を集めます。机の上に出しなさい」

と言って、全員が机の上に出したことを確認する。忘れた人はその場でチェックする。そして、

「出席番号順に持ってきなさい」

と指示を出す。子供の動きが確定されるのだ。このように、わかりやすい指示を出すようにする。

②視覚に訴える指示を示す

　先生の指示を耳で聞いて、全てを覚えられる子供は多くない。聞き取ることが難しい子供もいる。その他、配慮が必要な子供がいる場合もあるだろう。することを黒板や電子黒板に示すことは、子供にとって、より易しい指示になる。そうすれば、子供は誰一人聞き返さない。視覚的に指示を出すだけで、子供が安心して動くようになる。

（静岡県三島市立長伏小学校　大内裕生）

③わかる「授業の原則10か条」

〈③簡明の原則〉

☆子供の動きか変わる3つのコツ☆

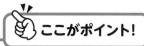 **ここがポイント！**

1　指示・発問は15秒以内におさめる。
2　何をどうするか、明確な指示を出す。
3　授業前に指導言を書き出す。
4　自分の授業を録音し、聞いてみる。

詳しい解説

「指示・発問は短く限定して述べよ」これが簡明の原則である。

　この言葉を言い換えると、2つの要素に分解することができる。

①指示・発問が、シンプルであること
②指示・発問が、クリアであること

　この2点を意識するだけで、授業の流れや子供たちの動きが、見違えるように変わるはずだ。

1　指示や発問は15秒以内におさめる

　指示や発問は短ければ短いほどよい。余計な情報を削り、シンプルにするのである。1分や2分の指示では、何が大切なのかがわからない。とりわけ、発達に課題を抱える子供たちは、ワーキングメモリーが少ないため、短い指示・発問しか入らない。

　では、「短い」とはどれくらいか。15秒以内である。10秒以内であればなおよい。丁寧なつもりでも、長くゴテゴテした指示・発問はわかりづらいのだ。無駄がなく要点を明確にした、短い指示・発問こそ、子供たちにとっては、わかりやすいのである。

2 何をどうするか、明確な指示を出す

　短い指示で子供たちを動かすためには、やるべきことが明確でなければならない。体育の跳び箱運動で、もっと練習させたい場面を例にして述べる。

①「もっと頑張って跳び箱の練習をしましょう」
②「1人が3回跳んだら、先生のところへ集まります」

　どちらの指示がよいだろうか。②のほうが具体的で明確である。何を、どれくらい行うのか、終わったらどうするのか、などが示されている。
　明確かどうかの基準の1つは、子供たちが活動する姿を、イメージすることができるかどうかだ。子供の動きが目に浮かぶような指示でなければ、実際の授業でも子供たちは動かないだろう。

3 授業前に指導言を書き出そう

　授業前には、発問や指示の言葉を書き出す作業が大切である。

授業で実際に言うとおりに書き出す。

　これがポイントである。例えば、音読させる場面。ノートに「音読を3回させる」と書いたとする。これは、活動内容を書いただけに過ぎない。「3回読んだら座ります。全員起立」などと、授業で言うとおりに書くのだ。
　書き出した後、自分で声に出して読んでみる。その上で、要らない言葉や回りくどい表現などは直していく。これを繰り返し、「を」や「は」など、助詞の1文字でも削れないかと検討していくのである。

4 自分の授業を録音し、聞いてみる

　自分の授業音声を聞くと、言葉の多さを痛感する。「え〜」「はい」といった喋り方の癖も見つかる。できれば、文字起こしまで行いたい。要らない言葉を黒マジックで塗りつぶし、声に出して読んでみる。こういった作業を通じて、端的な指示を身に付けていくのである。
【参考文献】『新版 授業の腕を上げる法則』向山洋一著（学芸みらい社）

（愛知県清須市立星の宮小学校　中川聡一郎）

③わかる「授業の原則10か条」

〈④全員の原則〉

☆指示を出すときに気をつけること3☆

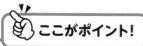 **ここがポイント！**

1　指示は必ず全員に伝えなければならない。
2　指示の追加をしてはならない。
3　最後の行動を示してから、動かそう。

詳しい解説

1　指示は必ず全員に伝えなければならない

⑴指示を全員に伝える必要性

「指示は全員に伝える」これが全員の原則である。一見「なんだ、そんな簡単なことか」と思うかもしれない。しかし、これが難しいのである。

　例えば、授業でプリントの問題を解かせたとする。早く終わってしまった子には次の指示が必要だ。それを、どのように伝えるだろうか。

　よくある失敗は、「読書しておいてね」などと、終わった子一人一人に伝えることである。何度も伝える手間が生じる。まずいのはそれだけではない。大抵の場合、子供から「絵を描いてもいいですか」といった質問が出る。「静かにしておけばいいだろう」と思って認めてしまえば、途端に言い争いが起こる。読書をするように言われた子と、絵を描いてもよいと言われた子が対立するのだ。どちらも、先生の言葉を根拠に主張するため、決着はつかない。こうして、教師の権威が少しずつ落ちていくのである。

⑵全員に指示を伝える方法

①手にしているものを、置かせる。

向山洋一氏は『新版授業の腕を上げる法則』の中で、「手に何かを持っている状態で指示をしたのは指示したうちに入らない」と述べている。何かを持った状態であれば、いじりたくなるのは当然である。作業の途中で話を聞かせるときは、「手に持っているものを置きましょう」と指示を出し、全員が手に何も持っていないことを確認することが大切である。

> ②全員自分のほうに向かせる。

全員を自分のほうに向かせるために、どのような指示を出すだろうか。向山氏の有名な指示がある。それは「おへそを先生のほうに向けなさい」である。「おへそ」という言葉を使うことで、サッとこちらに集中するようになる。

①や②の方法を使い、全員がこちらに集中している状態をつくり出してこそ、「全員に伝えた」と言えるのである。

2　指示の追加をしてはならない

指示の追加は、集団に混乱を与える。例えば、算数の授業で問題を解かせる場面。「解けたらノートを見せにきます」と指示を出した後に「①ができたら見せにきて」と追加の指示を出したとする。教室がどうなるかを想像してみてほしい。①が解けたら見せにくる子もいれば、全ての問題を解いてくる子もいる。中には、「①までで持ってくるのだ。④まで解いていてずるい」と文句を言いだす子もいる。あっという間に騒然としてくる。指示の追加をしたいときは、一段落した後に行うことが得策である。

3　最後の行動を示してから、子供を動かす

子供たちを動かす前に伝えなければならないのは、次の３つである。

> ①何をするのか、②どれだけやるのか、③終わったら何をするのか。

これを言わないと、子供たちは場当たり的に行動し、教室は騒然となる。その上で、個別の場面を取り上げ、頑張っている子を褒めるとよい。

【参考・引用文献】『新版 授業の腕を上げる法則』向山洋一著（学芸みらい社）

『子供を動かす法則と応用』向山洋一著（学芸みらい社）

(愛知県清須市立星の宮小学校　中川聡一郎)

③わかる「授業の原則10か条」

〈⑤所・持・物の原則〉

☆授業準備のポイント３「所・持・物」☆

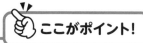
ここがポイント！

子供の活動が活発にならないのは、教師の準備が足りない。

「所・時・物」の３つを意識して準備するとよい。

所……場所（広さは適当か。安全性は確保されているか。）

時……時間（時間は十分に確保されているか。）

物……物（物は全員が満足するほどあるのか。）

詳しい解説

1　所・時・物の原則って何？

　１年生の図工「造形遊び」で所・持・物が意識された
授業を見た。

　⑴ 場所……教室の２倍あるプレイルームの机を全て出した。

　⑵ 時間……45分の中で活動させる時間が35分確保されていた。

　⑶ 物………葉っぱ、木の実、木の枝を大量に用意する。

　子供たちは、45分間飽きることなく、活動を続けていた。

2　教育実習中の失敗

⑴ 誰もやらない縄跳び

　教育実習で体育の授業を行った。授業前のルーティンで縄跳びをやっているクラスだった。二重跳びができる子を増やしたかった。授業の終わりに「二重跳びができるようにみんなで練習していこう！」と言った。

しかし、「終わりましょう」の挨拶の後、子供たちは、それぞれに遊びに行った。休み時間になれば勝手にやると思ったがやらなかったのだ。

⑵今ならこうする

①場所（練習したくなる場をつくる）

ジャンピングボード（縄跳び練習用の高く跳べ

る台）という練習する場所を用意する。どこの学

校にも大体あるはずだ。さらに、ペアになり数えさせるという緊張する場も用意する。

②時間（授業中に練習時間を取る）

いきなり休み時間にやってごらんと言ってもやるわけがなかった。授業の中で

練習時間を取る。5分は取りたい。授業中に、個人練習の仕方を教えたことにな

る。これなら休み時間も授業の時みたいにペアになってやってごらんと言える。

③物（意欲が上がるシステムをつくる）

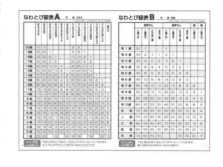

縄跳びカードを用意する。技ができたら色を塗っていく仕組みだ。これがあるだけで子供たちの意欲は倍増する。

授業の中で、ペアで数え合う場を用意する。カードに色を塗る時間も確保することが大切だ。

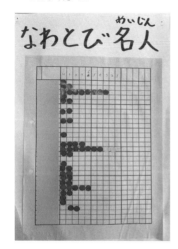

さらに教室には、誰が何級までいったかパッとわかる一覧表を用意する。「Aさんが今日で3級までいきましたね。すごいな！」と言いながらシールを貼る。すると「ぼくももうすぐ3級だよ」と意地になって頑張る子が出てくる。

また、授業の中でも目立つ場を確保する。「5級まで行った人？　4級？　3級？　Bさんが今、クラスのチャンピオンです」。教師が演出をするとよい。

（静岡県裾野市立富岡第一小学校　橋本　諒）

３わかる「授業の原則10か条」
〈⑥細分化の原則〉
☆細かく分けることが指導の第一歩☆

ここがポイント！

　子供の動きが変わらないときは、教師に原因がある。
1　指導内容を細かく分ける。
2　指導することは１つに絞る。
3　子供が変わる指示は、イメージしやすい言葉を使う。

詳しい解説

1　失敗したダンスの授業

⑴ 細分化しないと子供は変わらない

　体育で「表現」の授業をした。運動会でのソーラン節の指導だ。

　子供たちの動きが縮こまっている。腕も曲がっている。全体的に動きが小さくなってしまっていた。

　私が出した言葉は「最初の場面は、動きが小さくなっているから大きく動きましょう。最後のポーズは、もっとピンとします」だ。

　賢い子が数人は変わったのだが、他の子はほとんど変化がなかった。

⑵ 今ならこうする

①指導場面を１つに絞る

　腕を広げた場面の「腕」、終わりのポーズの「足の広さ」など、指導したい場面を限定する。

②指示→活動→評価

「腕は飛んでいくように回します」「やってごらん」「A君上手ですね」「男の子だけやってごらん」「次は女の子」「合格です」

　１つの場面に絞り「指示→活動→評価」をしながら教えていく。

2 細分化のポイント2

⑴ 1枚の写真を細かく分ける

細分化のコツは写真を撮ることだ。

ダンスの1シーンに、右のイラストのような動作があるとする。この1つの動作だけでもいくつも細分化できる。

左肘は伸ばすのか。左手の指はグーなのか。腕はどの角度に伸ばすのか。左足はどこにつけるのか。顔の角度はどうするのか。目はどこを見ていればいいのか。

たった1つのシーンでも、いくつにも分けることができる。

⑵ イメージできる言葉

指導の言葉選びにもポイントがある。

①「肘を曲げなさい」と、②「腕を体にピタッとつけます」という指示。

どちらが子供の動きが変わるだろうか。これは②である。子供がイメージできる言葉をいくつももっているとよい。

指先を伸ばさせたいのであれば「天井に届くように伸ばします」、足を上げさせたいのであれば「膝で胸をキックします」などがある。

3 授業の反省も細分化しよう

自分の授業がうまくいったかどうか振り返りをすることがある。そのときにも細分化が使える。

「授業最初15秒の反省点をノートに列挙する」。このくらい視点を細かくし、反省したほうが身になる。

反省するための視点も必要になる。『授業の腕を上げる法則』（学芸みらい社）の「授業の原則十ケ条」や『教師のベーシックスキル7＋3』（東京教育技術研究所）の「教師のベーシックスキル7」など、細分化して視点を絞ることで、明日は「子供と目を合わせよう」と具体的な目標ができる。

教師のベーシックスキル7

1	表情（笑顔）
2	声（声量、トーン）
3	目線
4	立ち位置
5	リズム、テンポ
6	対応、応答
7	作業指示

（静岡県裾野市立富岡第一小学校　橋本　諒）

81

③わかる「授業の原則10か条」

〈⑦空白禁止の原則〉

☆空白があれば遊ぶのが子供☆

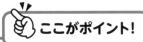 ここがポイント！

子供が「何をやっていいかわからない」状態をつくってはいけない。
子供は、空白の時間があれば遊ぶのは当たり前。
1　終わった後に何をするか決めておこう！
2　丸付け中に個別指導をするのはやめよう！

詳しい解説

1　空白禁止の原則って何？

たとえ一人の子供でも空白の時間を作るな。

『新版 授業の腕を上げる法則』向山洋一著（学芸みらい社）

　問題を解いた後に、子供は何をするのか。何もすることがなければ遊ぶのは当然だ。遊ぶ子が悪いのではない。「何をやっていいかわからない」状態をつくった教師に責任がある。先まで考えて準備する必要がある。

2　教育実習中の失敗

⑴ 算数の丸付け行列

　3年生のわり算の授業。教科書に載っている練習問題が8問ある。「全部ノートにやったら持ってきましょう」と指示を出した。教卓で待ち、子供たちのノートに丸を付けていった。
　間違えている子には、どうして違うのか丁寧に教えた。
　気づくと丸付けの列が長くなっていた。しゃべり声で教室が騒がしくなってい

く。あっち向いてホイをしている子もいる。

「先生、Aちゃんが抜かした！」「先生、B君とC君が喧嘩している」「終わったけど、何をすればいいですか？」

　教室は騒然としている。喧嘩の仲裁で丸付けどころではなくなった。

⑵ 今ならこうする

①早く終わった子への指示を出しておく

「できた子は、黒板の先生問題をノートにやりましょう」書く時間がなければ、印刷したものを貼るのもよい。1人1枚プリントを用意してもよい。なければ読書でもよい。とにかく、何か活動させることが大切だ。

②じっくり個別指導をしない

　丸付け中に個別指導をしたことが失敗だ。そこで教える必要はない。行列ができてクラスが騒然としてしまうからだ。「計算ミスしてるよ」「おしいなぁ」程度の声かけでよい。

まずは全体、然るのちに個。

という言葉がある。集団のリーダーとして絶対に意識したい言葉だ。

3　空白をつくらない簡単小技2

⑴ 読ませる

　式を教科書に書く場面がある。早い子は5秒で終わる。ゆっくりな子はまだ、1文字も書いていない。そんなときは、早く終わった子に発表させてみよう。「45×7です」。3人〜5人ほど当ててもよい。早い子は発表できて認められる。ゆっくりな子は聞きながら真似ができる。

⑵ 発展課題

　発展課題やちょっと難しい問題を出すのもよい。例えば算数なら「自分で問題を作りなさい」などがある。

　頭を使わないと解けない問題集などが教室に置いてあるとよい。実際に教室にあって助かったものが、右の『算数難問1問選択システム』（学芸みらい社）という本だ。「またやりたい」と熱中し何度も助けられた。

（静岡県裾野市立富岡第一小学校　橋本　諒）

③わかる「授業の原則10か条」

〈⑧確認の原則〉

☆授業に集中を生む「確認の原則」☆

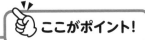
ここがポイント！

1　「指示」の後には、「活動」できているか「確認」しよう。
2　たくさんの確認の仕方を考えよう。
3　確認した後は、子供たちを褒めよう。

詳しい解説

1　授業に集中を生む「確認の原則」

授業は、「発問→指示→活動→評価評定」の連続で組み立てられる。

実は、活動と評価評定の間には、もう1つ重要な行為がある。

それが「確認の原則」である。

指導の途中で何度か達成率を確認せよ。

『新版 授業の腕を上げる法則』向山洋一著（学芸みらい社）

　教師が指示した内容のとおりに、子供たちが活動しているかを確認しなければならない。

「教科書の○○ページを読みます」と指示を出したとする。

　この指示がよく通っていれば、多くの子は教科書を読み始めるだろう。

　しかし、教室にはたくさんの子供たちがいる。中には、何をしたらよいかわからないという子もいるはずだ。

　そのことに気がつかず、ちんぷんかんぷんの子がいる中で、進む授業。

　その子は、次第にやる気を失っていく。ともすれば、何か別のことを考え始め、手遊びやおしゃべりを始めてしまうこともある。

　子供に指示を出したのなら、全員がそのとおり活動することができているかを確認しなければならない。

　確認をしっかりすると、子供たちは次のように考えるようになる。

> 先生の言うことは、聞かないといけない。

　教師に確認されるからこそ、子供は授業に集中するのである。

2　様々な確認の仕方

　ひとえに「確認」といっても様々な方法がある。

　先ほどの教科書を読むという指示を例にするならば、「教科書〇〇ページ。一度読んだら座ります。全員起立」などと指示を出すことで、読み終えたかどうかが確認しやすくなる。

　それでも読んだふりをして座るような子も、中にはいる。

　その場合には、「隣の人の声が聞こえた人？」などと問いかけ、挙手を求めるのも有効だ。こう問いかけるだけで、音読の声は大きくなる。

　算数の教科書のまとめを読ませたいとする。

　この場面では「まとめに指を置きます」という指示が有効だ。

　教師は、子供が指を置いたかどうかを確認する。

　確認した上で、「読みます」と指示を加えると、子供たちは声をそろえて読み始めるだろう。

　指示の後に、決して「わかりましたか？」などと聞いてはいけない。本当にわからない子は、「わかりません」とは言えないのだ。

3　褒めるための「確認の原則」

　子供の活動を確認したら、必ずしなければならないことがある。

　できている子を褒めることだ。

　褒めることで、指示の効果は何倍にも増す。望ましい行動が全体に波及していくのである。

　なぜ、確認するのか。それは、子供たちを褒めるためなのだ。

（宮城県仙台市立西多賀小学校　富樫僚一）

③わかる「授業の原則10か条」

〈⑨個別評定の原則〉

☆個別評定で授業を成功させるコツ３☆

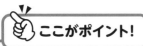 **ここがポイント！**

1　具体的なポイントを示して子供を褒めよう。
2　次々と行うことで、授業にリズムをつくろう。
3　短く区切って、繰り返し挑戦できるようにしよう。

詳しい解説

　個別評定とは、一人一人に対して、何がどこまでできているのかを評定していく方法である。評定の仕方は「合格、もう少し」や「Ａ、Ｂ、Ｃ」、「10点満点中の〇点」など、様々ある。指導の場面や子供の実態に合わせて、個別評定の仕方を選択すると、効果が倍増する。

1　具体的なポイントを示して子供を褒めよう

　体育のダンスの指導場面。踊り終えた子供たちにどんな言葉をかけたらよいだろうか。

> ① みなさん、とても上手でした。
> ② 太郎さんがとても上手でした。
> ③ 太郎さんは、指先までしっかりと伸びていました。Ａです。

　①は、褒めている。しかし、子供は褒められた気持ちにならない。誰の何が上手だったかわからないからである。
　②は、①よりも効果のある褒め言葉である。誰が上手だったのかが明確だからである。次行うと、太郎さんをまねして動きが変わる子がいるだろう。

第Ⅰ章

第Ⅱ章

第Ⅲ章

第Ⅳ章

第Ⅴ章

第Ⅵ章

第Ⅶ章

③は、誰のどんなところがよかったのかが具体的に示された。このように褒められると、跳び上がって喜ぶ子もいる。次の時には、多くの子の動きが変わってくるはずである。変化した子を次々と褒めていくと、子供たちは、熱中して練習に取り組むようになる。

2　次々と行うことで、授業にリズムをつくろう

国語の音読の指導場面。子供に音読をさせていき、個別評定をしていく。「10点満点中5点」「8点」「6点」…。

個別評定をしていく中で、授業者が今のは何点か迷うことがある。途端に授業のリズムが悪くなる。子供たちも不安そうな表情になる。

授業の原則10か条を提唱した向山洋一氏は、個別評定について「これをのんびりやると、授業のリズムが崩れてしまう」と述べている。

リズムよく行うために大切なことは、授業者が

教えたいこと（授業のねらい）を明確にもっている

ということである。本時のねらいに迫る子供の行動を評定していけばよい。そのためには、しっかりとした教材研究が必要になる。教材研究をもとに自信をもって行うと、授業にリズムが生まれてくる。

3　短く区切って、繰り返し挑戦できるようにしよう

個別評定を成功させる秘訣は、局面を限定することである。国語であれば1つのセリフ、歌であれば出だしの1小節だけと限定する。短く区切ることで授業のポイントが明確になる。

また、短く区切ることで繰り返し挑戦できる時間が設けられる。繰り返し挑戦する中で、子供は向上的に変容していく。熱中して何度も何度も挑戦する姿が見られたら、個別評定は成功である。

授業の最後には、全員が高得点になり、授業のねらいを達成することができれば、授業は大成功である。

【引用文献】『新版 授業の腕を上げる法則』向山洋一著（学芸みらい社）

（愛知県公立小学校　川合賢典）

③わかる「授業の原則10か条」

〈⑩激励の原則〉

☆激励で子供のやる気を引き出そう！☆

 ここがポイント！

1　褒め言葉を子供の心に届けよう。
2　黙々と取り組む子や後ろ向きな気持ちの子にも目を向けよう。
3　間違えた子、できない子がいたときこそチャンスと考えよう。

詳しい解説

　激励の原則は、子供を励ますことでやる気を引き出し、課題を乗り越えさせていくときに使う。励ますときに、褒め言葉をセットにすることで効果をより高めることができる。

1　褒め言葉を子供の心に届けよう

⑴ あなたは何種類の褒め言葉をもっているか？

　褒め言葉と聞いて、どんな言葉が思い浮かぶだろうか。「すごいね」、「やったね」など、いろいろとある。しかし、毎回「すごいね」だけでは、ワンパターンになってしまう。子供も褒められた気持ちにならない。たくさんの種類の褒め言葉を知っていることが大切である。いくつか紹介する。

　＜丁寧に字を書いている子に＞
　「丁寧な字だね」→「丁寧な字だなあ。人柄が出ているね」
　＜意見を書いたノートを持ってきた子に＞
　「いい意見だね」
　　→「いい意見だね。〇年生（担当学年よりも上の学年）レベルだね」

⑵ 褒め言葉の言い方で伝わり方が変わる！

　褒め言葉は言い方で子供への伝わり方が変わる。「すごいね」という褒め言葉も「（驚いたように）すごいねっ」、「（感心するように）すごいねぇ」では、受ける印象もずいぶん違う。褒め言葉に授業者の気持ちをのせると、子供も励まされた気持ちになり、さらにやる気が引き出される。

⑶ その褒め言葉をいつ伝えるか？

　褒め言葉は子供が何かしてから、できるだけすぐに伝えると効果が大きくなる。よい行動が見られたら、積極的に伝えるとよい。「Aさんが、素晴らしかったよ。なぜでしょう」と周りの子に言わせる方法も効果的である。しかし、担当する学年や子供によっては、みんなの前で褒められるのを嫌がることもある。授業が終わってからそっと伝えるほうがよい場合もある。実態をしっかりと把握して行うとよい。

　ノートや作品に朱書きをすることも、励ましになる。その子だけへのメッセージとなり、子供もうれしいものである。また、一筆箋に書いて伝えると、保護者にも褒め言葉が伝わり、子供はさらに励まされる。

2　黙々と取り組む子や後ろ向きな気持ちの子にも目を向けよう

　授業をしていると、どうしても反応のよい子に目が行きがちになる。そんなときこそ、周りに目を向けてみる。黙々と一生懸命に取り組んでいる子や後ろ向きな気持ちの子がいる。そんな子たちの、かすかな変化を発見して励ましていく。「そうそう、その調子」。その言葉に安心して、先に進める子もいる。「今、鉛筆を持って書こうとしたね」。その言葉に励まされて書き始める子もいる。だんだんと学級全体が集中していくことを体感できるはずである。

3　間違えた子、できない子がいたときこそチャンスと考えよう

　授業をしていると、子供たちは思いもよらぬ意見を出す。そんな意見が出ると、授業の計画から外れてしまい、ついつい焦ってしまう。しかし、そんなときこそチャンスと考える。間違いは正解を導くヒントなのである。「Aさんのおかげで、みんなの理解が深まったんだよ。ありがとう」と励ましてあげると、学級全体が学び合う集団に育っていく。

（愛知県公立小学校　川合賢典）

④ ICT 活用のススメ

〈併行してICTを使えるようにする指導も〉

☆ ICT を活用した授業をしよう！☆

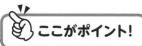 ここがポイント！

1　パソコンを使って、調べ学習やプレゼンテーションを行う。
2　ICT を使う力、ICT を使えるように指導する力の両方が必要
3　今から G Suite(Google Workspace) に触れておこう。

詳しい解説

1　パソコンを使って、調べ学習やプレゼンテーションを行う授業

　5年生の社会科、自動車生産の学習では、1人1台のパソコンを使って「自動車生産ではどのような工夫をしているのだろうか」という課題を調べさせた。その際に、次のような手立てをとった。

(1) ただ「ネットで調べなさい」ではなく、子供にとってわかりやすい HP を教師があらかじめいくつか探しておき、それらの中から調べさせた。

(2)「いろいろ見て終わり」ではなく、授業の後半に発表することを告げ、(このときはノートに) 記録させた。

　他には理科で「台風の進路」を気象庁の HP から調べ、規則性に気づかせたり、他の班の実験結果をパソコン上で閲覧し、自分の班の結果と比較させたりする学習などができる。(写真は、自分が調べたことを黒板に書かせて発表させたもの)

　また、総合的な学習の時間で

は、SDGs について、パソコンで調べるだけではなく、パワーポイントにまとめて発表をさせた。

　このように、パソコンを使うことで調べ学習やプレゼンテーションを効果的に行うことができる。

2　ICT を使って授業する力、ICT を使えるように指導する力の両方が必要

　教師が ICT を使って授業することはもちろん、子供に ICT の活用の仕方を指導できなくてはならない。GIGA スクール構想により、クラウドを活用した授業が当たり前のようになってくる。例えば、

> Google フォーム・Google ドキュメント・Google スプレッドシート
> Google Jamboard・Google クラスルーム・Google ドライブ…

などを活用した授業である。

　Google フォームで右のようなアンケートを作成し集約したり、意見と理由を記入させて分布を確認したりする。

　プレゼンテーションソフトで作ったデータを Google ドライブに保存させる。こういったことを授業で指導できる、自分の学級経営に生かせることが求められている。

　教員になってから初めて扱うよりも、学生のうちからこのような G Suite (Google Workspace) に触れておくことをおすすめする。

（神奈川県川崎市立小学校　田丸義明）

④ ICT 活用のススメ

〈1人1台端末を効果的に使う用法〉

☆授業の幅を広げる1人1台端末活用法☆

 ここがポイント！

1　どんな機能があるかを把握しよう。
2　まずは自分が端末の操作に慣れよう。
3　授業で効果的に活用できる場面を考えよう。

詳しい解説

1　1人1台端末が持つ可能性

　GIGA（Global and Innovation Gateway for All）スクール構想により、全国各地の学校に1人1台端末が導入された。

　文部科学省からは、積極的に活用するように通達が出されている。

　教育実習の授業で、1人1台端末を活用するのならば、大切なことがある。

　実習先の学校では、どの端末を使っているのかを確認する。

　実習が始まってから、実習先の指導教官や情報担当の先生に尋ねるという方法もある。

　ところが、それでは、準備は後手に回ってしまう。

　指導教官との事前打ち合わせなどで、端末の種類や普段の活用場面など、ある程度の情報は得ておくとよいだろう。

　その上で、教育実習が始まる前に、勉強をしておくのだ。

　1人1台端末の活用を考える上で、おすすめのサイトがある。

StuDX Style

https://oetc.jp/ict/studxstyle/

スタディーエックス　スタイル
StuDX Style
GIGAスクール構想を浸透させ 学びを豊かに変革していくカタチ

様々な活用事例が紹介されている。授業で活用するアイデアも、きっと得られることと思う。

その他に、インターネットや YouTube 等で調べることで、たくさんの情報を集めることができるだろう。

2　端末を操作する練習をしよう

実習が始まり、授業で1人1台端末を活用したいのであれば、すぐにやるべきことがある。

> 実習先の学校で使用している端末を借りて、放課後等に操作してみる。

指導教官にお願いをすると、きっと貸し出してくれるだろう。

まずは、自分が操作に慣れていなければ、授業で使うことができない。

3　1人1台端末を使用した事例

Google の「Chrome book」を例に挙げる。

様々な Google アプリを活用した授業展開が容易になる。

以下に、いくつかの実践事例を紹介する。

> ①「forms」を活用した授業の感想の提出
> ②「スプレッドシート」の共同編集を活用した意見や感想の共有
> ③「Jamboard」の共同編集を活用したグループ活動
> ④「ドライブ」のコメント機能を活用した写真の読み取り

活用できる場面は多岐にわたる。

機能を十分理解した上で、どの場面でどのように活用するのかを考える。

ポイントは、授業の「ねらい」を達成するために効果的な活用方法を考えることである。

（宮城県仙台市立西多賀小学校　富樫僚一）

第Ⅰ章　第Ⅱ章　第Ⅲ章　第Ⅳ章　第Ⅴ章　第Ⅵ章　第Ⅶ章

①指導教諭が語る

☆教育実習生チェックポイント☆

回答者：**福井　慎 先生**

質問者：堂前直人　テープ起こし：櫻井愛梨

Q　福井先生の実習生指導遍歴は？

福井：　僕は三重大学教育学部附属中学
　　　校で３年働いています。春と秋に
　　　実習生が来ます。

　　　大体、毎年15人くらいの実習
　　生を持つことになります。教科で
　　いくと春・夏合わせて８人。あと
　　は学級に＋７、８人来ますから15
　　人。それを３年ですので45人く
　　らいを３年間で見たという形にな

回答者
福井慎先生

ります。その後も毎年教育実習生を受け持つ、今の現任校でもなってます。
だから60人くらいを受け持ちました。

Q　伸びる実習生と伸び悩む実習生の特徴とは？

堂前：　それだけたくさんの実習生さんを担当していらっしゃったということ
　　　で、教育実習生で伸びる学生さんと伸び悩む学生さん、それぞれ特徴があ
　　　るかと思います。教えていただけますでしょうか。

福井： 　伸びる学生さんは初日にわかるんです。まず**挨拶ができるか**です。そして、実習生さんに部屋を渡しますが、部屋を実習生さんが帰った時に見るんです。実習生さんの机、もしくは**周りがきれいであるか**。ほかにも、多かったのは、**素直**。あとは、絶対に教員になりたいという**夢がある**子です。

　逆に伸び悩む子は、「先生になろうかどうか迷ってるんです」とか悩んでいる子は伸び悩みます。実習というのは1週間、2週間という期間で、いろんな経験を積んでいくわけですから、その1週間、2週間をいかに有意義に過ごすかということです。**教員になるという強い意志**があるかないかが明確な差になってきます。あと、伸びる学生は**躓いた経験のある**学生さんは特にいいです。

Q 　指導案の書き方のポイントは？

堂前： 　実習の中身で、1つ難しいのが指導案だと思います。指導案を書く際に何か気をつけるといいことがあったら教えてください。

福井： 　指導案は学生さんにとって初めて書くものですので、型がわからないんです。ということは、それぞれの実習先の**指導案の型**を頂くということが大きな前提になります。「附属中学校であればこういう型である」という研究紀要みたいなものをもらって、指導案の型をまずは**真似る**ところからスタートしたらいいと思います。

　そして、学生さんはかなり難しい言葉を使いがちです。算数だと「数の概念を子供たちに教える」とか。「概念って何」というところなんです。「概念って何？」って聞いても「概念っていうのは…」みたいに受け答えに困るような言葉を使うことがあります。誰が見てもすっと取ってくれる言葉を使うことが大前提になってくることです。

　あとは、**一文一義**で書くことです。1つの文の中にいろいろ自分の思いを込めてしまうんです。込めてしまうので、読んでるほうとしてはわからなくなってしまいます。ですから、一文一義。さらに言うと、主語・述語を明確にして、ねじれのない文にするとか、一文は短くとか、基本的なことをまずやっていただければいいと思っています。多分、何回も何回も書き直しっていうのは、子供の様子が見えないからなんです。予想できませ

んから。指導教官の先生から「ここはこうだな、ああだな」ってなったらいいのですが、大体指導教官の先生は手取り足取り教えてくれません。「自分で子供たちのことを読み取って書きなさい」ということがありますから2、3回書き直しが必要になってくるかなと思います。

　私の場合は、とりあえず子供のことはわからなくていいけど、先生たちが必ずわかることがあります。それは**学習指導要領**を見てくださいということです。学習指導要領で何をこの時間に教えたいのかをまず明確にしておけば、よっぽどのことがない限り、「全部書き直しなさい」ってことはないと思います。

　あと、言葉の使い方です。例えば、「知る」「わかる」「気づく」「理解する」。その言葉の意味です。どういう段階で「知る」なのか、どういう段階で「わかる」なのか、指導案を書くときに、辞書とかで調べて、指導案を書いていただくといいかなと思います。

Q　子供たちへの指導のポイントは？

堂前：　指導案の次に難しかったのが、子供たちの指導でした。例えば、喧嘩の場面で、指導を実習生としてしたほうがいいのか、その場面を先生に報告したほうがいいのかとか。もう1個はだんだんなめられるというのもあります。子供たちとの関わり方、指導のポイントがあれば教えてください。

福井：　なめられるという話があったのですが、実習生は子供たちと年齢が近いんです。自分のお兄ちゃん、お姉ちゃんになってしまうので、どうしてもため口とか、先生のことを福井ちゃんとか呼ぶこともあるんです。その一言目の時にスルーしてしまうと、子供たちは「この先生許してくれるな」と思ってしまうので、そのときは実習生といえども先生ですから「今の呼び方は、悲しいな」と僕は言いますね。いきなりびしっと言いません。びしっと言ってしまうと、逆に聞いてくれません。「ちょっとその呼び方、悲しかったな。"はいっ"って大きな返事できませんね。もう1回呼んでみて」と言うと、大体福井先生と呼んでくれるので、そのときに「そう呼んでくれるとうれしいな」という形でコミュニケーションを取りながらメリハリをつけることです。

　喧嘩の場合は、よっぽどの大喧嘩ではない限り、「近くに僕がいる場合、すぐ僕を呼んでくださいね」とは言ってあります。喧嘩している同士は、もともと仲が悪いのか、その時だけのものかにもよるんです。もともと仲が悪いところを教育実習生の先生が入って指導してしまったとき、実はこの子たちは前から仲が悪くて、お家の人とのトラブルもあってとか、いろんなことが、バックボーンにありますから、実習生の先生に全て任せるってことはできません。「僕がいたらすぐに僕を呼んで下さい。いなければ、近くの先生でも構いません」というお話もしています。あと、幼稚園、低学年だった場合は、福井先生を呼んでから話を聞こうとすると、子供たち何が起こっていたのか全然わからなくなってしまいます。その場で聞いてあげるのが一番なので、低学年や幼稚園で喧嘩が起きた場合、すぐ教育実習生の先生が「どうしたの？」ということだけ聞いてあげてください。その状況を整理してから担任の先生に伝えてもらうと担任の先生が指導してくれます。

　中学生や高学年になれば、担任の先生が指導することが大前提になると思います。大前提になるのですが、「これは、堂前くんがいけそうだな」と思ったら「堂前くん、ここ指導してみて」という話はします。「僕も隣にいるから」という形で指導する場面を堂前くんに渡します。もし「堂前くんの指導が、ちょっとね」というのがあれば、僕がすぐにフォローに入ればいいですし、堂前くんがいい指導をすれば、「堂前くん、よかったよ」と褒めてあげれば、「こういう指導でよかったんだな」と実習生が思えますから。実習生で多いのは、今の出来事を言っているのに、前のトラブルを引っ張ってきたりすることがありますから、そこはもう置いておいて、「今の事情だけを見て、指導してください」という話は実習生の先生たちにはお話ししています。

Q　実習生と関わるときに、意識されていることは？

福井：　教師になりたいのかの確認は必ずして、「教員免許がないと卒業できないので、実習を受けにきました」と言うんだったら「じゃあ、先生、楽しくやりましょう」とか言います。楽しい思い出をつくって、先生が何十年

後かに、教師になってみようかと思えるような実習になってくれたらいいと思っていますから」というお話をします。なりたいという子がいれば、「先生が現場に出てすぐ困らないように指導していきますから」というふうにお話はさせていただいています。

堂前：　本気で教師になりたいって方々相手で、関わるときに意識されていることがあれば3つくらい教えていただけたらと思います。

福井：　1つ目。体調面・精神面を観察します。ほんの少しでも疲れた顔をしていないかとか、顔色がおかしくないかとか、そういう観察をします。実習に来て初日にちょっと顔色がおかしいなという子がいたんです。その翌日、その子がさらに暗くなってるんです。結局3日目に休まれて、「やっぱり休んだね。多分何か悩んでることがきっとあるよ。ちょっと電話してあげたら」と話をしたら、要は「指導案の書き方が全くわからない。どうしたらいいのかわからないのでもう実習が怖いんです」という話をしてくれたそうです。なので、そういうちょっとした変化を見逃さないようにしています。

　　　2つ目が、実習があるときは、「あなたの好きな時間に話を聞くから、いつ連絡してきてもいいからね」と言い、話をする場を取ってます。もちろん学校でも「ここからここまではあなたのために時間を取りますから」という形で実習生さんの悩みに答えられる時間を取っています。

　　　3つ目は、退勤時間を守らせるということ。実習中って結構後ろが長いんです。指導案ができないとか、日誌が書けないとか。「指導案も日誌もお家でやればいい。だからまずはお家に帰って、リラックスをした状態で指導案を書いたりしておいで」ということを言います。学校という緊張場面でやっているとそれだけ体も精神的に、精神も追い込まれてしまいますから。

堂前：　実習生さん的にはそうは言われても、なかなかこれ言っていいのかな、とかあるんじゃないかなと思うんですけど、「そんなことは相談できないよな」とか「泣き言、言えないよな」とか。

福井：　担当の先生によるんでしょうね。僕が持った子の中で、「授業ができないかもしれません」ということを事前に言われたんです。本当に授業ができなくて、授業が始まって3分でその場にしゃがみこんでしまったんです。それを子供たちが見てるんです。その場面で、「先生、体調悪いって言っ

てたのに、よく
3分頑張った
ね」ということ
をお話しさせて
もらって、「先
生、今日すっご
く体調悪かった
のに、みんなの

前で授業したいって授業してくれたんだ」というお話をしてから、授業を
交代したということがありました。なので、何でも喋れるという関係づく
りを僕は大切にしています。ですが、堂前先生が言われるようにケースバ
イケースというか、担当教官によると思います。

Q　教育実習をするみなさんへメッセージ

堂前：　最後、これから教育実習する方へ、メッセージをお願いします。

福井：　教育実習ですから、楽しんでください。「楽しむんだけれども、まず先
生方、体調管理に気をつけること。そして無理をしない。無理だと思っ
たらすぐ言ってきて。代わりに僕がする。指導案も書けないんだったら僕
がお手伝いをする」っていう話をしてます。だからまず基本的には、教育
実習を最大限に楽しんでください。楽しむためには、さっき指導案の話も
ありましたが、先輩方にも指導案を見せていただいたりして、指導案をあ
る程度作っておくほうがいいです。子供たちの前に立ったらもう先生は先
生ですから、「先生」という気概というか気持ちをもって、取り組んでい
ただければいいと思います。おそらく先生方が思っているより、100倍楽
しい教育実習が待っていると思いますので、是非楽しんでやっていただけ
ればと思います。

こちらから、インタビューの動画を視聴することが
できます。(約22分)

指導教諭

②大学教授が語る

☆教育実習生の心得帳☆

回答者：**谷　和樹 先生**（玉川大学教職大学院 教授）

質問者：堂前直人　テープ起こし：新倉喜裕

Q　現場・教育実習で学んできてほしいこと

堂前：　谷先生も教育実習を見ることはあるかと思うんですが、どういうことを大学院の先生としては学んできてほしいと思ってらっしゃるんでしょうか。

谷：　大学の中でも教職大学院っていうポジションにいるので、先ほど言った

回答者　谷和樹先生

ように経験のある教員も来ますけども、そういった人たちには教育実習というのはありません。既に学部で実習を終えて、免許も取得している子たちがストレートマスターとして再度来ます。そのため、免許を持っている子たちにもっと長い教育実習に行かせます。それが僕の仕事ですので、「学んできてほしいこと」と言われたら、**学部や大学院の講義や実習を通して学んだはずの理論や知識とか技能を、現場でリアルな形でどう役立つのか、どのように生かせばいいのか**ということを学んできてほしいと思います。ただ、実践に直結していくような知識・技能を十分に習得していないまま

に大学院に来ている院生がほとんどじゃないでしょうか。そのため、現実には僕たちが毎週のように授業を参観しに行って、具体的に教えることになるのですが、時間が足りない。10週間あっても、なかなか時間は足りないということです。もっとまとまったインターンシップがあればいいと思います。

Q 授業観察の視点・ポイントは？

堂前： 学部生って授業観察が実習であると思います。様々なクラスの先生の授業を観るっていうのです。そのときに、どこを観たらいいのかわからないとか、メモだけで終わってしまうような感じになってしまった記憶があります。何かポイントがあれば教えてください。

谷： それ、学生たちが悪いんじゃないです。指導する大学の先生方とか現場で担当している教官たちに、意識や視点がないんじゃないでしょうか。

授業観察しろと言われてもて、ポイントを教えられてなかったら、わかるはずないです。だから、授業を観察する直前に「こういうポイントで観るよ。観たことについて後でディスカッションするからね」って言わなきゃ観ようがないと思います。

だから、それも「まずはここを観よう」のように安易なものではなく、今回観せていただく授業はこうだと、担当の先生はこういう人だと、そこからこういうことを学んで、こういうことを真似して、自分はどんな知識を身に付けたいのかを明確にして、観ないといけません。

ただ、高度だと思うので、もっともっと初歩的な段階は、僕がいろんな所でご紹介している授業の基本的な技能というのがあります。ベーシックスキル（※1）などと呼んでいるのですが、表情とか目線とか声とか、そういう7つくらい挙げています。それを焦点化して観るのもいいかもしれません。

笑顔については、学部の子たちが来週教育実習に行ってくると言うと、「何か気をつけたらいいことありますか」と言われるので、一般的なことを言ってあげた後に、付け加えて「講義でも教えたけど、笑顔のいい先生って大事だって教えたでしょ。だから、いっぱい授業観察させてもらうと思

うけど、どの先生の笑顔がいいかなって観るといいよ。授業中の笑顔がいい先生を探すといいよ。職員室でニコニコ笑顔のいい先生はいっぱいいるけど、子供の前の授業で笑顔のよい先生を探すといいよ。もしこの先生は授業中の笑顔が本当に素敵だって思う人がいたら、その先生の所に行って近づいて教えてもらうといいよ。間違いなくその先生が一番力のある人です」と言っています。

　声とか目線とか、そういうポイントでもいいんです。一番基本的となるところを一番初歩の段階では観るといいかもしれません。

Q　実習生へどのような指導をしているか？

堂前：　よくお話しされるというか、度々話題になるようなことがあれば教えてください。

谷：　授業を観た後、その本人を呼んで校長室とか相談室を借りて、そこで指導します。指導するときに僕がまず初めに本人に聞くのは、**「今日の授業であなたが一番困ったことは何ですか？」**って聞きます。そのことについて僕の解決策を提示してあげる。僕から見て困ったことなんて山のようにあるわけです。これを事後の指導のたった1時間しかないところで全部言ったって身に付かない。僕だって何十年もかけて蓄積してきた力でそれを見てるからたくさん見えるわけです。そのため、本人が一番問題意識と

して思ってるところを教えてあげたほうがいいから、「何困った？」って聞きます。

　2つ目に聞くのは**「授業以外でもいいから、何か全体として困ったことある？」**です。これも結構大事で。どうしてかっていうと、10週間べったりいますから、教材研究とか、生徒への接し方とか、行事を学校が持ってるときに自分のポジションでどう関わるかとか、職員室の先生方との付き合い方とか、いろんな悩みをもってる学生がいます。それに対して、こうしたらいいよって教えてあげるわけです。僕が必ずこれを教えようとか思ってるっていうよりも、本人の一番困ってるところで教えてあげるということです。

Q　実習生の課題と学び方

堂前：　谷先生から見て困るところがいっぱいあるというお話だったのですが、みんなに共通して、ここがやっぱり課題だよなというのはありますか。

谷　：　一番共通して課題なのは、**作業指示がない**ってことです。あれほど教えたのにと思うのですが、作業指示がないです。

堂前：　谷先生は講義で教えてくださっているということだと思うのですが、それでも、難しいというお話でした。では、教育実習に行く前とか現場に出る前に最大限努力して身に付けたいなと思うと、どのような勉強するとよさそうでしょうか。

谷　：　作業指示に関してだと、作業指示がわかってる人に教わらない限り無理です。本人の努力だけではいかんともしがたい部分があります。イメージできないと思うんです。大学生活の中で、もし真面目にそういうことをやりたいと思うなら、**学生サークル（※2）に入って模擬授業するのが一番いいでしょう。**つまり、**経験の通過**。もう1つは**上の人からの批評**。この2つ。プロフェッショナルな人たち向けには、**緊張感のある場面を通過するということ**と**自分より力量のある人間から厳しい指導を受ける**と表現しています。大学生ならばいろんな場面で授業してみるといい。いろんな教科、いろんな学年、ボランティアに行って、いろんな経験を通過するということ。その際、そういうことをよく知ってるなという人から批評を受け

ること。それって結構ダメージ受けるんだけど、必ず得になります。自分にとって聞きたくないことなんだけど、やっぱりそうやって批評してもらうのが一番いい。

Q　教育実習の成功とは？

堂前：　少し話は変わりますが、教育実習について、みんな成功したい、うまくいきたいって思っていると思います。そもそも何をもって成功としていいのか、学生を教える側の視点から聞いてみたいんです。例えば、授業が盛り上がったらいいのか、こんなこと楽しくできたらいいのか、褒められればいいのかなどありそうです。

谷：　この問いの立て方というか前提が間違ってまして、**成功なんてないで**す。成功っていう概念はそもそもありません。**そして失敗もありません。あるのは自分がその４週間なら４週間の中で経験した事実それだけです。**経験したという事実だけは確固としてあります。それをその事実を成功と思っても失敗と思ってもあなたの勝手なので、そこに何の意味もありません。だから盛り上がった授業は成功だと思った人はおそらく、やがて落とし穴に落ちていくでしょう。逆に、盛り上がらなかった授業をこれは学びだな、いっぱい学べたなと思って、次はこうしようと思っていろいろ考えた人はやがて長い目で見れば成功していくでしょう。

　だから、その事実をどう見積もって、どう学ぶのかという、そのことだけが大事ですね。

Q　これから実習するみなさんへ一言

堂前：　教育実習をする方へ最後、メッセージをいただけたらと思います。

谷：　教育実習っていうのは、やっぱり教育実習です。だから確かにあの４週間の学部時代の教育実習って楽しい経験だと思いますが、残念ながら本来の意味でのいわゆる専門職トレーニングインターンシップ的な本格的なものにはなっていないです。したがって、本当は採用されてからの現場っていうのは、あなたが教育実習で経験したそのこととはかなり異なっていま

す。異なっているというのは、辛いことも実は楽しいことももっともっと豊かに増えてくるし、もっともっと複雑です。そういう意味では教師っていうのは、自分の生涯をかけて追究していく価値があるほどの素晴らしい仕事だと思います。教育実習を楽しんで行ってきてほしいですが、そういった**結果に捉われることなく、教師としての道みたいなのをブレずに進んでいただけるといいなと思います。**

　教育実習で、これだけはというんだったらば、**子供といっぱい遊んでください。**子供といっぱい遊ぶ。授業の準備なんかどっちでもいいから、全部の休み時間遊ぶくらいのつもりで。そして、できるだけたくさん授業をさせてもらう。この2つだね。**いっぱい遊べ。いっぱい授業しろ。**指導教官の人が、あんまり授業させないタイプの方だったら無理にとは言いませんが、指導教官の方がいいよどんどんやれと仰るタイプの人だったらいっぱい授業させてくださいって言って、ほとんど準備できないまま授業しなきゃいけないというようなリアルな場面も経験されると勉強になるんじゃないかと思います。頑張ってください。

＊＊＊

※1　「教師のベーシックスキル7」のこと。表情、声、目線、立ち位置、
　　リズム・テンポ、対応・応答、作業指示の7つ。
※2　TOSS学生サークル。教師を目指す学生が集い、TOSSの指導法を
　　学ぶサークルである。全国の大学にある。
　　詳しくは、右QRコードから。

こちらから、インタビューの動画を視聴することができます。（約15分）

③管理職が語る

☆教育実習生の本気度診断☆

回答者：**並木孝樹 先生**（千葉県公立小学校 校長）

質問者：堂前直人　テープ起こし：織茂眞彩

Q　評価の高い実習生の共通点は？

堂前：　先生が教諭、教務、教頭先生、校長先生と、それぞれの立場で教育実習生を見てきて、「こういう実習生は、自ずと評価が高くなるな」というのがあると思います。例えば、挨拶がしっかりしているとか、どんなことでも素直に学ぶとか。先生から見たら、どうでしょうか。

並木：　３つ挙げるとしたら、まず**笑顔**です。学校にいる間、どれだけ笑顔でいられるか。メラビアンの法則というものがありますが、担任から受ける情報というのは、言葉が７％、声の質・語調が38％、表情・態度が55％だ、といわれています。ノンバーバルコミュニケーションが93％を占めています。発達課題がある子供の80％

回答者　並木孝樹先生

くらいが、聴覚に問題があるともいわれています。「笑顔力」というのは、誰にでもすぐにわかる能力だと思っています。

　　声に張りがある人は、元気がいい。姿勢がいい。授業がうまいです。子

供は元気がいい先生が基本的に好きです。声は授業の基本中の基本です。「声が聞こえる」というのと、「声が子供に届く」というのは、違います。指示が通るような張りのある声が大切だと思います。

　声とともに、**一つ一つの文章が短く、端的に話せる**人は、先生方にも子供にも評判がいいです。

　笑顔と声を意識していけば、自ずと話し方もできるようになっていくでしょう。

Q　教育実習で学ぶべきことを３つ挙げるとしたら？

堂前：　教育実習に行くと、指導案も書かなければいけない、子供と先生のコミュニケーションの取り方や学級経営、行事などの学校運営も見なければいけないなど、たくさん勉強することがあると思うのですが、「まずはこれを」という３つを挙げるとしたら、何を選びますか。

並木：　３位は、**時間のマネジメント**です。教師の１日はどのように流れ、どのように対応しているかというのを体験してほしいです。その際、指導に当たる先生が、どのような動きをしているのか、何をポイントとしているのかを見ておくことです。朝、職員室での準備、教室への入り方、朝の会、授業、休み時間、給食、昼休み、掃除、午後の授業の入り方、帰りの会、放課後の事務処理等、挙げればたくさんあります。一つ一つの行為に意味があるはずです。

　２位は、**子供への対応**です。大学では学ぶことができないのが、子供への対応です。まずは、クラスの子供の名前を全て覚えることです。前もって名簿をもらえるならば、読み方を確認して、覚えることです。もらえないならば、当日から３日以内に全員の顔と名前を一致させておくことです。名前を呼びながら褒めるとか、名前を覚えてもらえると、子供はとてもうれしいです。下の名前まで言えればさらに喜びます。先生に認められたと思うからです。

　授業での指導方法、褒め方、叱り方等、時と場合によって違います。全てが応用問題で、一つとして同じ方法はないと言ってもいいと思います。実習の先生が、どのように対応しているのかを見ることが大事です。そし

て、できるだけ自分自身から子供に関わっていくことです。叱るという場面は、実習中なかなか難しいと思いますので、褒めることを中心にしましょう。

　　1位は、子供の褒め方、励まし方を学んで、実践してほしいです。授業のベーシックスキルですが、1か月でそう簡単には身に付かないと思います。谷先生は、表情、声、目線、立ち位置、リズム・テンポを挙げられています。教師になってからも学び、修行するほどのことです。意識することは大切です。1つだけ挙げるとすれば、子供を常に励まし、褒めることです。授業の原則10か条の第10条に「激励の原則」があります。褒め方にもいろいろあります。普通に「すごいね」と言ったり、「○○くん、すごいね」と名前を呼んで言ったりします。驚いて、「すっごいねー！」と言えば、また違います。微笑んで頷くのも褒めています。手でグッドサインをするのもいいです。言葉だけでなく、ノンバーバルコミュニケーションを使えば、褒め方、励まし方のバリエーションは増えていきます。1日何人褒めると決めるのもいいですし、1週間で全員名前を呼んで褒めるということも大切です。チャレンジし、実践して学んでほしいと思います。

Q　研究授業のチェックポイントは？

堂前：　実習で学んだまとめとして、研究授業をして、管理職の先生方に見ていただくと思います。教えていただいた視点を踏まえて、並木先生だったら、どの部分を研究授業で重点的に見られるか教えてください。

並木：　**やっぱり笑顔**です。笑顔をいかに維持していられるかです。緊張するかもしれませんが、社会科で有名な有田和正先生は、毎日のように笑顔の練習をしていたと言われています。谷先生も歯を磨いているときに、ニッと笑って練習をされている。私も、支度が終わった後、朝必ず笑顔を作ってから学校に行きます。練習しないとできないと、私は思っています。**笑顔でいれば、子供たちも笑顔になります。**難しい顔をすれば、子供たちは不安になります。授業は、なかなかうまくいくものではありません。ベテランの先生でも同じです。だから、笑顔で楽しんでやることが大事ですし、それが教師の一丁目一番地だと思います。笑顔でいると子供は、わかった

ような気になるんです。なので、笑顔でいることが基本だと思います。細かいことは、教師になってからでも多く学ぶことができますし、学ばなければいけません。

Q　指導教諭に期待していることは？

堂前：　視点を変えて、教育実習を指導される先生も校長先生は決められると思います。ベテランの先生をつけて、しっかりと指導される場合と、中堅や若手の先生方をつけて、一緒に勉強させる場合があると思うのですが、指導教諭を選ぶポイントや期待していることはありますか。

並木：　決め方は、優先順位があります。１つ目は、**授業力**がある、学級経営がうまいということです。２つ目は、**人材育成**という視点です。今、若い人も現場には多くなってきていますので、そういった観点が必要になってきます。１つ目の観点からいくと、学年主任とか研究主任とか生徒指導主任など、大きな校務分掌を任されている方が多いです。業務の負担を考慮すると、２つ目の観点になります。ミドルリーダーに当たるような方にお願いし、その先生が担当することで、自分自身も学んでいただくということもあります。もちろん、１つ目の観点の授業力、学級経営力を考慮しながら、ミドルリーダーの方にお願いする形です。本校は、昨年２人来ましたが、１人は１つ目の観点で、ベテランの先生にお願いしました。２人目は、

人材育成という2つ目の観点で、少し若めのミドルリーダーの先生にお願いしました。これは、校内事情によります。また、実習生に会った第一印象で、先生方を考えるということも、もちろんあります。

Q　実習生と指導教諭それぞれで気をつけることは、何ですか。

堂前：　そうすると、インスピレーションも大切にしてくださっているということがわかったのですが、実習生が合わないこともあると思います。それを踏まえて、実習生に大切にしてほしいこと、担当する先生に気をつけてほしいことや大切にしてほしいことの両面から教えてください。

並木：　実習生は、**自分から動くこと**です。動くというのはいろいろありますが、できることは自分から進んでやるという姿勢です。担当の先生が大変そうにしていたら手伝う。荷物を運ぶ、印刷する、掃除をするなど、**いろいろなところに目を配り、気配りをする**ということです。そんなことをするために実習に来たのではないと思うかもしれませんが、これは教師になってからも同じなのです。周りへの配慮や気配りは、やっぱり必要です。「人は正論では動かない。情で動く」という言葉があるように、どこの職場でもあります。でも、無理をすることはありません。できる範囲でいいです。動くということに関連すれば、わからないことは、自分から聞くということです。担当の先生は、いろいろ指導してくれますが、人によって対応は変わります。何がわからないのか、何を教えればいいのか見えないことがあります。だからこそ、自分から聞くということです。これは新採になってからも同じです。教師になってからも必要な素質だと思っています。

　担当の先生が気をつけることというのは、**人材育成**ということを

教育実習ハンドブック
聞いてわかる　教育実習のポイント

質問者　堂前直人

念頭に置いてほしいです。今一緒にいる方と、将来またどこかで一緒に仕事をするかもしれない。教育界の宝だと思って接していただきたいです。わからないことは当たり前で、だから教えてあげるのです。「教えて褒める」ということは、向山先生がよくおっしゃいますが、実習を担当される先生も同じです。教えて褒めてあげるということを基本に、人材育成の視点で行っていってくれることが一番だと思います。それは、校長も喜びます。

Q これから実習するみなさんへ一言

堂前： これから教育実習をする方へ、並木先生からアドバイスやエールをいただければと思います。

並木： 実習は、現場で学べる唯一のチャレンジの場です。授業をできるだけ、させてもらうようにしてください。向山先生は、私たち教師に「実習生には、たくさん授業をさせなさい」と、指導してくださいました。私は管理職として、たくさん授業をさせるように指示しました。「3日目から授業をさせて」というくらいのつもりです。実習生からは言いにくいかもしれませんが、チャンスがあれば、**できるだけ授業をしてください**。授業をしたいというオーラ、言葉でも、素振りでも見せて、少しでも、1日でも早く授業をする。何時間でも多く授業をするという気持ちを表してほしいです。まあ、うまくいきません。きっと。大いに失敗して、苦労してください。でもそれを、楽しめるように。辛いけれど、楽しむ。**楽しんでやれるということが大事**です。それが実習生としての大きな収穫だと思います。これからの教師人生につながる糧となると思います。とにかく、向山先生がおっしゃる「Never, Never, Never give up.」で、乗り切ってほしいと思います。

堂前： ありがとうございました。

こちらから、インタビューの動画を視聴することができます。（約16分）

4 ちょっと先輩が語る

☆教育実習生の泣き笑い体験☆

回答者：片岡友哉 先生　大内裕生 先生

質問者：堂前直人　テープ起こし：加藤友祐

Q　教育実習で思い出に残った出来事やエピソードは？

堂前：　思い出に残った出来事とかエピソードを教えてください。

片岡：　2つあります。1つは研究授業が体育だったことです。

　　　大学で国語や算数の授業はやったことがありましたが、体育は全くありませんでした。何から何をすればいいのか全くわからなかった。それができたのはすごくいい経験でした。もう1つが**とにかく遊びまくったこと**です。子供たちからもらった手紙には、34人学級で25人が遊びのことを書いていました。

大内：　私も2つお話したいと思います。1つ目が**クラス子供たちの全員の名前を1日目で覚えた**ことです。すごく大変でした。それでもとにかく子供たちと仲よくなりたいと思って初日で全員の名前を覚えようとしました。2日目にはもう子供たちが朝来た時に、「誰々ちゃんおはよう」とか「誰々君おはよう」って名前を言って声をかけられるように努力したことが思い出に残っています。このことについては**指導教官の先生も大変褒めてくださりました**。今でも学級担任を持つときに最初は名前を覚えようという気持ちでやっております。2つ目は授業です。算数の授業が私の専門でした。しかし算数の授業がとても難しくて、子供たちがどこでつまずいているのかがわかりませんでした。そこをいかに楽しくわかりやすくやるのかとい

うことを考えたことを覚えています。

> **Q　今ならもっと効率的にできる、ということは？**

堂前：　今だったら「こうやるともっと効率よくできるぞ」みたいなのあります
か。実習も限られた時間でやらないといけないので、その働き方改革じゃ
ないですけど実習改革みたいなアイデアはありますか。

片岡：　指導案で今だっ
たら2つ意識する
ことがあります。
1つがその自治
体、自分だったら
千葉には、こうい
う授業プランがい
いみたいなものが
ネット上にもあげ

られています。それを**事前に確認しておけばよかった**ということです。も
う1つが、いざ授業をするぞってなったら指導案を考え始めていました。
もっと事前から指導教官の先生を見ていて、例えば「こういう板書計画で
やるのだな」ということを、**初日から意識しておけばよかった**ということ
です。

大内：　実習録です。私が通っていた大学は毎日A4を2枚書かないといけませ
んでした。A4を2枚って相当な量です。放課後に書き始めようとすると、
ボールペンでの清書もあるので2時間くらいかかりました。そうすると帰
る時間が遅くなって、睡眠時間が短くなって……、という悪循環になりま
す。これをどうにか短く効率的にやりたいなって考えていました。その解
決法が「放課後に書くぞ」、じゃなくて**朝来た時から「何を書くのか」を
子供や先生を見ながら決める**ということです。例えば、授業を見て「この
先生の発問が明確でわかりやすいな」と思ったら、後で実習録書こうとメ
モしておく。「子供とこういう会話をしたな」と覚えていたら、こういう
会話でこういう関係性をもてたということを書く。授業や普段の生徒との

　　　　　会話の中からどんなことを書くのか意識しておくといいと思っています。

堂前：　それは現場に出てから所見とか書くときにも使えるテクニックですよね。思いついたときに記録しとくって。実習中にそういうのをやるといいですよね。

> **Q　実習中の困ったことに、今の自分ならどんなアドバイスをする？**

堂前：　実習中にこれどうしたらいいのかなって困ったことはありましたか。もしあったとしたら、それに自分が今現場の先生としてどんなアドバイスをするか聞いてみたいです。

大内：　喧嘩指導について思い出があります。最初に行った時に、その指導教官の先生に「もし目の前で喧嘩とか起こってしまったら僕は何をしたらいいですか」と聞きました。その先生は「何もしなくていい」と言いました。今になってそれがわかります。担任の先生は１年間を通して一貫した指導をその子供たちにしています。そこに実習生が来て何か指導してしまうと、１年間積み立ててきた指導が崩れちゃう感じがします。**担任の先生は、その子たちを見て、その子たちに合った指導をずっとしてきています。**実習生がポンって入ってきて何か言ってしまうと、それがもしかしたら弊害になってしまうのかなって思います。実習生だからいろいろ経験したいって気持ちもわかります。目の前で子供たちが喧嘩したときに、もちろん殴り合いだったら止める必要はあると思います。その後に指導するというのはそこまでする必要ないのかなと思います。当時実際に喧嘩がありました。担任の先生が指導されていました。自分は邪魔だと思ったので遠くに離れて見ていました。でも後になって、その時どんな会話をしたのかなって思いました。指導教官の先生にちゃんと聞いておけば勉強になったなと思いました。アドバイスとしては、生徒指導は直接関わらないかもしれないけれども、**どういう指導していたのか、ちゃんと見ておくべき**だと思いました。

> **Q　ここを見ておくといい、見ておけばよかったと思うことは何？**

堂前：　子供との対応と授業の他にも、学級経営のことがたくさんあると思います。例えば給食、掃除、教室環境、掲示物。どのタイミングで仕事をするか。こういうことって大学で教えてもらえないような気がします。何気ないところで「ここ見とくといいよ」みたいな、もしくは、「ここ見とけばよかったなー」って現場に出てから思うことは何ですか。

片岡：　２つあります。１つが、**先生方の言葉がけ**です。今現場に出てみて、朝のちょっとした会話が結構学級経営に大事だと感じています。実習生の時は「何か先生楽しそうに話しているな」としか思いませ

んでした。今なら、全員に話しかけていたり、家庭状況などを見るために具体的に一歩踏み込んだりしているなと思います。そこはもっと具体的に見ておけばよかったと後悔しています。

　　もう１つが、今現場に出てから自分もやっていることです。指導教官の先生が最初の１日に教えてくださったことがあります。その先生は学校で子供たちを帰した後に毎回掃除をしていました。教室を。掃除をしながら、「荒れるクラスって絶対ここ汚くなったりするんだよ」と話をしてくださりました。それは自分の中ですごく印象に残っています。**放課後、先生が何をしているか**という目線で見てみると、非常に面白いのかなと思います。

Q　自分がやりたいことと違う先生からどうやって学ぶか

堂前：　自分がいいなって思った先生からはいくらでも学べると思います。そうじゃなくて、ちょっと合わないなとか自分がやりたいことと違うなっていう先生方からだと、どうやって学ぶといいですか。現場に出てからも、学

年の先生と合わないと
か、管理職の先生と合
わないとかあると思い
ます。

大内：　2つあります。1つ
目は気持ちの切り替え
です。合う合わないは
あると思います。でも
その先生は、もう先生
としてお仕事してらっ

しゃる方で、私は実習生という立場なのです。言えることは何もない。その先生からも**謙虚に学ぶ**という姿勢が大事だと思います。

　2つ目はその先生からだけ学ぶというわけではないということです。学校にはその先生だけでなく、管理職の先生、学年の先生、それ以外の先生含めてたくさんの先生がいます。**その先生からだけ学ぶのではなくて、こういう考え方もある、こういう考え方もある、そのうちの1つだっていう**ふうに考えるのがいいのだと思います。

Q　教育実習の授業で一番重要なことは何？

堂前：　教育実習で授業をすると難しいし、うまくいかないことのほうが当然多いわけです。反省も含め授業でここが大事かなっていうことは何ですか。

片岡：　**何を話すのか、何をしゃべるのか、何を指示・発問するのか、は絶対に事前に決めといたほうがいい**なって今でも思います。実習生という立場で行くと絶対緊張してしまいます。自分もすごく緊張しました。「やばい」って思った時も、「昨日ノートにこういうふうに書いて、こう言おうと思っていたな」ということが心の支えになります。子供たちの前で「何て言うんだっけ」という空白、何もしない時間をつくらない。事前に何て言おうかということを考えておくだけでも、心のゆとりが違います。

大内：　いちいち落ち込まないことです。真面目な先生ほど念入りに準備をして授業に臨むと思います。そうすると、子供のイレギュラーな発言に対応で

きないということがあります。僕も実習生の時に経験しましたし、今でも担任を持っていて何回も経験しています。子供が予想していなかった発言をしたときに、「え、なんて返せばいいんだ」って思うんです。授業が終わった後に「あぁ、授業失敗しちゃった」って思うんです。そこでいちいち落ち込んでいられません。担任になってからは尚更そうなのです。**一喜一憂は絶対あります。でも、落ち込みすぎずに、できたことを見つめて、できなかったことは「はい次」っていうふうにリフレッシュしていけるのがいい**と思います。

Q　最後にこれから実習に行く後輩たちにメッセージ

堂前：　最後にこれから実習に行く後輩に何かメッセージをお願いします。

片岡：　本当にただただ楽しんでほしいなと思います。3年経った今でもすごく具体的に覚えています。大学生の自分が改めて教員になりたいなって思ったきっかけが教育実習です。1日1日で「いろいろなことを学ぶぞ」、「いろいろなことをやるぞ」、「いろいろな子供と話すぞ」と思いながら、「今日も楽しかったな」って過ごしてほしいです。**最後の日には「やりきったな」って思えるように楽しんで送ってほしい**なと思います。

大内：　学校の先生になるまでに練習の期間が3週間しかないって考えると、やはり充実した3週間を過ごすことが大切だと思います。合う先生とか合わない先生とか、合う子供とか苦手な子供とか、いろいろあると思います。でもそういうことは正直言っていられません。「いい3週間になったな」って思うためには自分次第だと思います。**いかに自分が楽しむのか、いかに自分が学ぼうという気持ちがあるのかで3週間の充実感が変わってくる**と思うので、楽しんでやってほしいと思います。

堂前：　ありがとうございました。

こちらから、インタビューの動画を視聴することができます。（約24分）

①先人たちの教育実習

〈感動体験〜新倉先生談〉

☆生徒の「わかりやすい」という言葉☆

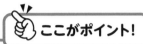 ここがポイント！

「わかりやすい」「楽しくて、面白い」という言葉は励みになる。
そのために、意識したことは次の３つ。
1　発問の一語にまでこだわる。
2　ビジュアルで見やすいプリントを作る。
3　指示・発問を書き出す。

詳しい解説

　実習中、授業をしていたクラスの生徒が、日記に「新倉先生の授業がわかりやすい」と書いた。

　実習最終日の夕方、ある先生に話しかけられた。ある生徒が、「新倉先生の授業、楽しくて、面白い」と話していたと伝えられた。

　授業は、教師の仕事の根幹。実習生として、心の底からうれしい言葉だ。

　生徒から「わかりやすい」「楽しくて、面白い」と言ってもらえるのは、授業準備があってのことだ。意識したことは、３つある。

1　発問の一語にまでこだわる

　中学校社会の江戸時代の身分制度の授業で、次の発問をした。

> 江戸時代のどの身分を敵にまわしたら一番こわいですか？

　私が最初に考えた発問は、「あなたが将軍なら、どの身分を優先して支配しますか」である。指導教員と検討する中で、様々な案が出た。最終的に上記の発問

にしたが、この発問だけで、2、3日かけた。

「発問」は、授業を展開していく上で極めて重要な要素である。一語違うだけで、子供の動き方が変化する。十分に検討することが大事だと身をもって学んだ。

2　ビジュアルで見やすいプリントを作る

右のプリントは、私が実習中に作ったプリントの一部である。鎖国下で、日本の窓口になった場所と交易した国や地域を色ごとにまとめた。

他のプリントでは、資料集の話を用いながらも文字情報を削る工夫をした。

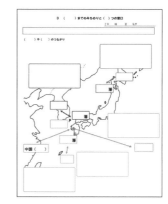

このように、プリントをビジュアルにしたり、余分な文字情報を削ったりすることで、生徒がわかりやすいプリントを作ることができる。見やすく、取り組みやすいほど、子供たちは授業での活動に取り組みやすくなる。

3　指示・発問を書き出す

私の授業準備のノートの写真である。

①授業名、②展開、③時間配分、④指示、⑤発問、などが書かれている。

重要なのは、④、⑤である。指示・発問をあらかじめ考えておくことで全体のイメージがしやすくなる。授業自体もスムーズに行える。

以上、3つを私は意識した。まとめると、

> **教師が授業しやすく、子供が取り組みやすい**

ということである。ぜひ授業をつくる際に参考にしていただき、「わかりやすい」「楽しくて、面白い」と言ってもらえるような授業をしてほしい。

（静岡大学学生　新倉喜裕）

1 先人たちの教育実習

〈感動体験～堂前先生談〉

☆絶対に教師になろうと誓った日☆

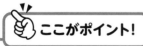 ここがポイント！

「子供たちの声」に教職への思いが高まった。
「自分の手応え」が教職の魅力を教えてくれた。

詳しい解説

1　教師になろうと誓った日

　実習を終えたある日の帰り道。私は興奮して友人に電話をしていた。

「凄かった。本当に凄かった。子供たちの目の色が変わった。みんな楽しいって言ってくれた。授業って面白い。もっと勉強したい！」

　きっと言いたいことの１％も伝わらなかったと思う。でもこの日、私は、絶対に教師になろうと誓った。

2　教室中が夢中になった「口に二画」の授業

　その日私は、小学校２年生の教室で「人生初授業」をした。

「口」という漢字に二画足してできる別の漢字を探すという授業である（参考：TOSSランド　QRコード参照）。

　習ったように、発問や指示を出していく。最初は、「何？」と怪訝な表情をしていた子供たちも、気づけばどんどん夢中になっていった。

　見つけた漢字を発表していく。

「３つ足せる人？」ザっと手が挙がる。

「まだ３つ足せる人？」徐々に勢いがなくなっていく。

「２つなら足せる人？」と授業を進めていく。

「１つならあるのに…」そんな声も聞こえてくる。

「待っているうちに探してもいいんだよ」

そう言うと、「やった！　見つけた！」、「ほんとに？　どれ？」と教室が再度活気づいた。

「１つ足せる人？」ここまでくると、足すたびに「ああ！」と感嘆の声が上がる。

習っていない字を書いてヒーローになる子。みんなの忘れている字を書いてヒロインになる子。勉強のできるできないを超えて、ヒーロー・ヒロインが生まれる。「逆転現象」と銘打って本に書いてある光景が、目の前で繰り広げられた。

3　授業後、最後の大逆転

授業を終え、教室を去ろうとした私を、ある男の子が呼び止めた。クラスの中でも、勉強の苦手な子だった。

彼は「先生、この字、合ってる？」と言って、私にノートを見せた。「加」という字だった。

私は、あえて黒板に字を書き写し、「大正解だ！　よく見つけたなあ！」と教室に聞こえるように彼を褒めた。

あっという間に黒板には人だかりができた。彼はその中心で満面の笑みで子供たちに称賛されている。

私には、その場面がまるでドラマのように見えた。

「これだ！」と熱い気持ちが胸に込み上げてきた。

「子供たちの楽しそうな声」

「子供たちのうれしそうな笑顔」

「自分の胸に残る確かな手応え」

校門を出ても冷めぬ興奮の中、私は、「教師になる」と決意を固めた。

そして、この体験の礎となった「TOSS学生サークル」でずっと学び続けようと誓った。

参考：TOSS公式HP　https://www.toss.or.jp/

（愛知県名古屋市立浮野小学校　堂前直人）

① 先人たちの教育実習

〈しくじり体験～新倉先生談〉

☆行動が遅すぎた教育実習☆

 **ここがポイント！**

> **行動が遅く、大変な思いをした。**
> **行動を早くする３つのポイント**
> 1　身近な先輩や知り合いに実習の流れを事前に確認する。
> 2　「いつ」までに「何」をするのか明確化する。
> 3　早い段階から、朝型の生活リズムにする。

詳しい解説

1　とにかく行動が遅かった

　実習中、様々なしくじりを経験した。女子生徒とうまく関係が築けなかったり、授業時間が足りなくなったりすることもあった。

　中でも、時間関係のしくじりが多い。

　中学生のため日記指導がある。しかし、コメントが書けず授業参観に行けなかったときもあった。

　退勤時刻も平均 20 時で、他の実習生よりも何時間も遅かった。私の退勤が遅くなるということは、指導教員の先生の退勤が遅くなってしまうということでもある。

2　行動が遅かった要因３

⑴ 見通しをもてていなかった

　私は教育学部でないため、実習に行くのは１回である。同じ学科で実習に行く学生も少なく、情報交換も特になかった。そのため、必要なものや１日の流れのイメージがつきにくかった。

この状態で実習に行ったため、見通しをもててないままであった。誰かに相談し、ある程度の見通しをもっておく必要があるだろう。

⑵ **目標を決めていなかった**

ここでいう「目標」とは、「いつまでに終わらせる」ということである。

例えば、「何時までに授業のプリントを作る」、「何時までに全てを終えて帰る」ということである。

目標がなければ、ダラダラと時間だけが過ぎてしまう。授業準備、日記指導、授業の観察記録、実習録などやることが多い。「いつ」までに「何」を終わらせるのかを明確にし、時間を有効活用する必要があった。

⑶ **生活リズムが整っていなかった**

大学生は、遅寝遅起きになりやすい。私もその1人である。

しかし、実習を通して感じたことは、朝型のほうがよいということである。

授業準備の視点から考える。実習中、家で授業準備をすることがある。帰宅後の夜に行うこともできなくはないが、眠気で捗りにくい。また、たとえ夜型だとしても疲れがたまってそのまま寝てしまうこともある。

3　実習中の行動を早くするための3つのポイント

私の実習を教訓に、次のことが大事だといえよう。

> ① 身近な先輩や知り合いに実習の流れを事前に確認する。
> ② 「いつ」までに「何」をするのか明確化する。
> ③ 早い段階から、朝型の生活リズムにする。

まずは、身近な人々に実習について聞き、見通しをもつといい。実習中には、「いつ」までに「何」をするのか明確化し、時間を有効活用する。また、夜型の人は早い段階から朝型にするとよいだろう。

実習のため、不慣れな部分もあるが、できる限り早く行動できたほうがいい。

その分、生徒と関わる時間も多く確保でき、早く帰ることもできる。また、指導教員の先生にご迷惑をおかけすることもなくなる。

（静岡大学学生　新倉喜裕）

②先人のオススメ

〈"必ず役に立つグッズ"〜新倉先生談〉

☆実習前に準備しておくべきグッズ５☆

ここがポイント！

1　実習中にあると役立つグッズ
　　(1) ネタ帳　(2) 付箋　(3) スタンプ
2　帰る時間も考慮して買っておきたいグッズ
　　(1) ボールペンの替え芯　(2) 最終日に子供に贈るプレゼント
3　実習前に、必ず何が必要か聞いてみる。

詳しい解説

1　実習中にあると役立つグッズ

⑴ ネタ帳

　実習中には、朝の会や帰りの会など、子供の前で話す機会がある。

　あらかじめ、子供の前で話すネタをノートに集めておくといい。

　おすすめは、『中学生にジーンと響く道徳話 100 選』長谷川博之著（学芸みらい社）である。こちらは、小学生版もある。私の場合は、実習期間中に、定期テスト返しと体育大会があった。そこにつなげられそうなページをコピーし、ノートに貼った。

　それ以外にも、大学の勉強やサークル、旅行などの話なども書きためておくといいだろう。

　実際に、突然、帰りの会で話をすることになった。ノートに用意してあったディズニーランドのカストーディアルの話をし、その日の掃除で動けていた子を褒

めた。

ノートに貼るなど準備しておくことで、直前に目を通し、子供に話せるため、おすすめである。

⑵ 付箋

付箋があれば、実習録などを指導教員にお渡しする際、一言添えて、お渡しすることができる。

また、授業参観した際にプリントをいただく。分類して保管することが理想的だが、なかなか時間的に難しい。「〇月〇日△時間目 ××先生」と付箋にメモして貼っておくことで、後から見返しやすい。

⑶ スタンプ

授業などでプリントやノートを回収する場面がある。本来であれば、毎回コメント等を書くのが望ましい。

しかし、それは難しいため、スタンプを使うのがおすすめである。

特に、子供たちが知っているキャラクターだと、子供たちは喜ぶ。

2　帰る時間も考慮して買っておきたいグッズ

⑴ ボールペンの替え芯

毎日の実習録、授業参観の記録など、ボールペンを使う機会は非常に多い。

中学生だと、日記指導もある。ここでもボールペンを使う。

実習中でも、買えないことはない。しかし、必要になると想定されるため、あらかじめ数本のストックをしておくとよい。

⑵ 最終日に子供に贈るプレゼント

最終日の帰りの会で子供たちに、メッセージカードをプレゼントした。

実習前に準備をしておらず、学校帰りに文具店に寄っても閉まっていたこともあった。あらかじめ買っておくとよい。

3　実習前に、必ず何が必要か聞いてみる

具体的に5つの準備物を紹介した。しかし、これはほんの一部である。

最も重要なのは、周りの人に聞いてみるということである。同じ学科の実習に行く学生、先輩など様々な方に聞いてみていただきたい。

（静岡大学学生　新倉喜裕）

第Ⅰ章　第Ⅱ章　第Ⅲ章　第Ⅳ章　第Ⅴ章　第Ⅵ章　第Ⅶ章

3 大先輩の実践に学ぶ

〈向山洋一氏の教育実習〉

☆実習生として何が大切なのか☆

1 「向山洋一氏」とは

「学級崩壊」、「モンスターペアレント」

　学校の先生でなくとも、一度は耳にしたことのある言葉ではないだろうか。これらの言葉の生みの親こそ、ここで紹介する向山洋一（むこうやまよういち）氏である。

　本書の中で紹介している「授業の原則10か条」も氏が著書『授業の腕を上げる法則』で提唱したものである。

　向山洋一氏の立ち上げた「Teachers' Organization of Skill Sharing」＝通称TOSS（とす）＝旧法則化運動に救われたという教師も多い。かくいう私もその1人である。

　向山氏の実践が、本書の中でもいくつか取り上げられているが、ここでは、教育実習時代の実践に触れてみたいと思う。

2 児童の感想文より

(1) 子供の名前を覚える

　向山氏の教育実習に対する児童の感想文が残っている。

　向山先生は、とても早口ですがおもしろいユーモアのある先生だと思います。この学校にいらっしゃってから何日もたたない時、内海くんをさそうとした時に鈴木さんのけいまとびといったのは、とてもおもしろかったので印象に残りました。また、わたしがびっくりしたことは、わたしたちの名前をおぼえるのがとても早いということです。向山先生と初めて勉強

> した時にも、わたしたちの名前をちゃんといえたからです。
>
> 引用：『向山洋一年齢別実践記録集第1巻』P.174

　この感想の中には、教育実習生として、いや先生として、極めて大切なことが書かれている。

　それは、「子供の名前を覚える。子供の名前を呼ぶ」ということである。記録によると「5日目」に初めての授業を行っている。つまり、5日以内に子供たちの名前と顔を一致させたということになる。極めて大切な1つの指標となろう。

(2) 子供の心に寄り添う具体的配慮

> 　また、向山先生は、おもしろいことを考えると思います。社会科の研究授業のまえの日の放課後、向山先生をかこんで何人かの人が、かたまっていました。その時、向山先生が「全員手をあげてさ、わかる人はふつうにあげて、わからない人はグーをだしたらどうかな。」とおっしゃいました。そしたら何人かの人がうんそれがいいといいました。その時わたしは、向山先生はずいぶんおもしろいことを考えるなあと思いました。
>
> 引用：『向山洋一年齢別実践記録集第1巻』P.174

　この箇所も、向山氏の考え方が見てとれるやりとりである。この場合の全員挙手は、「教師の見栄」ではない。

　「研究授業という場で手を挙げる・発言する」という、子供たちにとってハードルの高い行為を、状況に合わせて選択できるようにしている。つまりは「やさしさ」なのである。

　どの子も「できるようになりたい」と願っている。「発表してみたい」、「ほめてもらいたい」、「認めてもらいたい」と思っている。でもそれは、ほんのちょっとの勇気の要ることなのだ。そのほんのちょっとの勇気を、こういった形で提案している。子供に寄り添うとは、このような「具体的配慮」なのである。

3　教育実習日誌より

(1) 教育実習生としての心構え

　向山氏が田園調布小学校に実習生として赴いた日の記録がある。

　「私達は、昨年附属で4週間の教育実習を送ってきました。

　そこで、私達は多くのことを学びました。教育内容に於ても、教育方法に於ても大学で学ぶものの弱さを感じました。

　しかし、何よりも私達は子供達から学んだのです。何というか、子供達のもつ無限の可能性とその可能性の追求を通して、子供達の未来をつくる教師の重さとを。

　そうした感動を学園へもち帰り、心深くうちかためてきました。私達の教育に対する情熱は、特に初等教育に対する情熱は諸先生方の心と同じではないかと思います。附属よりさまざまな子供のいるであろう田園調布小学校で多くのことを学んでいきたいと思います。

　お忙しい時とは思いますが、よろしく御指導下さい」

引用：『向山洋一年齢別実践記録集第1巻』P.107

　8人の実習生を代表しての職員室での挨拶である。

　教育実習生ではあるが、教育者としての志、誇りをもって教壇に向かおうという姿がひしひしと感じられる。

　教育実習生であるから、授業がうまくいかない、対応がうまくいかないということは、ある程度仕方がない。

　が、「情熱」は別だ。「楽しい授業がしたい」、「勉強の苦手な子に寄り添いたい」。そんな燃え盛るような教育への情熱は、教育実習生でも、現場の先生たちのそれに負けない心持ちで臨みたいものである。

(2) 教材研究の深さ

　『向山洋一年齢別実践記録集第1巻』のP.140、141に、向山氏が9月22日（金）3校時に行った授業の指導案が残っている。「農家の仕事と新しい農村」の授業である。

　授業の目標は、「共同経営実現の条件とその問題点を青森のリンゴの共同化、森田村の事例を通して具体的につかませる」となっている。

この授業の展開の中に、次の一文が留意点として記載されている。

> **津軽平野にリンゴの生産が集中する理由についてできたらふれる。**

読者のみなさんは、「なぜ青森県が日本一のリンゴの生産地になったのか」、説明ができるだろうか。

例えば、教科書には「気候が適しているため」のように書かれている。子供たちに説明する際に、本当にこの一文で片付けてしまっていいのだろうか。気候でいえば、東北地方でそれほど大きな差はないのではないか。であれば、日本一には他の要因があるのではないか。

当時の向山氏は、このように、教科書の記載に疑問をもち、教材研究を進めている。その時のことも、書籍に記録されている。

> 実は昔、ぼくは、教科書に「気候が適しているため」という文があったのを変に思って、一週間位かかって調べたのだった。ほとんどどこにものっておらず、青森県史の中に見つけたのである。
>
> 引用：『向山の教師修業十年』P.33 ～ 35

インターネットの普及している今の世の中ではない。図書館に足を運び、電話をかけ、追究をしていったのである。

この授業については、向山氏の記録を基に、構想追試をした先生の記録がある。興味のある方は、一読いただきたい。

もちろん、教育実習中の全ての授業に対して、このような追究をできるわけではない。が、例えば、研究授業をする単元については、他の実習生に何を聞かれても答えられるような、そんな「深みのある教材研究」を目指してみたいものである。

向山氏の実践から、いくつかを抽出してみた。ごくごく一部である。ぜひ、掲載書を手に取り、さらに学びを深めていただきたい。

（愛知県名古屋市立浮野小学校　堂前直人）

③教育実習中の休日の過ごし方は？

1　休むことも仕事のうち

　教育実習中は、教材研究や指導案の作成に時間がとられます。また、教材研究などに熱中するあまり、休むことを忘れてしまう人もいます。教師は心や体の健康が大切となる職業です。心や体を休ませることも忘れないようにしましょう。好きな料理を食べる、音楽を聴く、体を動かすなど、自分がリフレッシュできる時間を確保できるといいです。

2　休み過ぎに注意！

　時には夜遅くまで、授業の準備をすることもあるかもしれません。疲れたからといって休日に寝過ぎてしまうと、学校に行く日の朝、すっきりと起きられないことがあります。平日、休日にかかわらず、適度に休むことを意識しましょう。

3　仕事をし始めた時の練習

　教員となり仕事をし始めると、学生時代とは全く違う生活が始まります。教育実習はその時の練習にもなるので、仕事に集中しながら、自分の時間を確保するよう心がけましょう。心と体の健康を保ちながら仕事を進めましょう。教育実習だけではなく、全てが今後の自分の成長につながっています。

（長野県公立中学校　林田花蓮）

④オンライン授業ってどうやるの？

1 オンライン用アプリをダウンロード

まずアプリのダウンロードをする必要があります。ZOOM、Teams、Google Meet などのアプリが有名です。

どのアプリも簡単に子供たちに資料を提示することができます。

もし、授業するとなったら、事前に一度体験してみるのがよいです。

2 オンライン授業で有効な指示

いざ、オンライン授業をやってみると、実際の授業との違いに戸惑ってしまいます。

例えば、オンライン授業では、子供たちの手元が見にくいため、指示どおりに書いているか、きちんとできているかの状況を確認することが難しいです。

そこで、状況を確認するための、普段とは違った指示が必要になります。有効な指示をいくつかご紹介します。

「書けたら画面にノートを写してごらんなさい」「見えていたら手を振ってごらんなさい」の指示は非常に有効です。子供たちは先生に見られていると感じて一層真剣に取り組むようになります。

また「隣に映っている子が、どちらかに手を挙げているか見てごらんなさい」の指示は先生だけではなく、友達にも見られていると感じるため、子供たちに緊張感が生まれます。

そして、オンラインでも実際の授業と同様に“褒める”ことが大事になります。「○○さんの声が一番よく聞こえますよ」「○○君の鉛筆がよく動いています」など褒め方のレパートリーが、たくさん必要です。書き出してみるのもいいでしょう。

（関西学院大学学生　櫻井愛梨）

コラム

⑤先生たちとの コミュニケーションの取り方

　先生たちとのコミュニケーションを深めることは、教育実習を学び多きものにする上で欠かせません。以下に、そのポイントを示します。

1　自分から挨拶をしよう！

　先生たちは、「今年はどんな実習生なのだろう？」と少なからず関心をもっています。

　まず見られるのが挨拶です。「おはようございます」、「お疲れさまでした」といった一言を自分から言えると、好印象です。校内で先生たちとすれ違った際には、会釈などをするとよいでしょう。

　先生たちは、人を見るプロです。素直さや誠実さ、学ぼうとする姿勢は、よくも悪くも挨拶一つで伝わります。自分から挨拶をすることで、自分のやる気や学ぶ姿勢を表現しましょう。

2　先生たちに積極的に質問しよう！

　現場の先生方の話を聞くことのできる機会は、そう多くはありません。自分から積極的に質問することで、教師の仕事について、より具体的に知ることができます。

　「忙しそうだし…」「迷惑かな」と遠慮することはありません。質問をするのはやる気のある証拠です。話を聞くときはメモを取り、教えてもらった後には、お礼の一言を忘れないようにしましょう。

3　様々な教室や場面に足を運ぼう！

　控え室にいる時間をできるだけ短くし、教室や指導している場面に足を運ぶことが大切です。

　授業や指導場面を見ながら、気づいたことや疑問点などをメモしておき、後から話を聞きます。喧嘩などの指導場面も、学びの宝庫です。その場にいるからこそ見えること、聞けることがあるのです。いろいろなところへ積極的に足を運ぶことで、自然と先生たちとのコミュニケーションが深まり、大きな学びが得られることでしょう。

（愛知県清須市立星の宮小学校　中川聡一郎）

コラム

⑥社会人のマナー NG 集

1　座ったまま話を聞くのは NG ！

先輩に話かけられたときに絶対にやるべき行動が３つあります。

①やっていることをやめる。②返事をする。③立つ。

①〜③の順番にやるというより、３つとも同時にできるといいでしょう。特に一番忘れてしまうのが立つことです。

「座ったままでいいよ」と言われますが、そのまま立って聞きましょう。

2　授業を見せてもらうお願いを当日にするのは NG ！

授業を見せていただく時間割を組んでもらっています。

「今日の２時間目お願いします」では遅いです。

「明日の２時間目お願いします」と、前の日にお願いに行きます。さらに、当日の朝ももう一度挨拶に行きます。

「丁寧すぎて丁寧すぎることはない」という気持ちで臨みましょう。

3　研究授業が終わって一息ついてたら NG ！

実習の最後には、研究授業があります。授業後には緊張で疲れきっています。でも、本番はここから。誰が授業を見に来てくれたか覚えていますか？　これを忘れると大変です。**放課後には、見に来てくれた先生にアドバイスをもらいに行きます。**一人残らず全員にです。

先生は忙しいですが、人に教えるのが大好きです。メモ帳を持って、「今日の授業について教えてください」と頭を下げてまわります。

（静岡県裾野市立富岡第一小学校　橋本　諒）

ちょっと気になる悩みを解決！

⑦子供たちとの別れは どうする？

1　そのままの気持ちでお礼を伝えよう

きっと、教育実習最終日には、「お別れ会」が催されることでしょう。「先生のお話」なんかもお願いされることもあるでしょう。

そんなときに、どんな話をしようかと悩んでしまうかもしれません。でも、難しく考えすぎず、子供たちとのエピソードやその時の気持ちを、そのままストレートに伝えてみましょう。

変にカッコつけた言葉よりも、実感のこもったシンプルな言葉のほうが子供たちには伝わりやすいものです。

別の道を歩いてきた実習生の先生方と子供たちが出会い、同じ時間を過ごす。そしてまたそれぞれの道へと別れていく。そのことだけで、実は子供たちにとって、最高の教育の場になっているのです。

2　思いっきり遊ぼう

お別れの前には、子供たちと思いっきり遊んであげてください。全員と一度は遊べるといいです。

3　子供たちへの手紙をぜひ

実習後には、実習先の学校へお礼の手紙を書くことになります。そのときには、ぜひ、クラスの子供たちにも1通、手紙を書いてみましょう。

子供たちにとって教育実習生のみなさんは、人生の先輩です。それも、夢に向かって努力をしているカッコイイ先輩です。

教育実習を経て、改めて夢に向かって歩き始めた先輩の心境を、ぜひとも子供たちに伝えてあげてください。

（愛知県名古屋市立浮野小学校　堂前直人）

⑧教育実習と採用試験

　教育実習でのエピソードや経験を記録に残しておくことで、教員採用試験で大きな武器になります。

---

①教育実習で印象に残っていることを教えてください。
②教育実習で失敗したことを教えてください。
③その失敗の原因は何だと思いますか。
④その失敗をどう採用後に活かしますか。

　これらの質問は、実際に教員採用試験の面接で実際に問われたものです。すぐに答えられればいいのですが、思い出せないということもあるでしょう。

　そこで、上記のような質問に対する答えを記録に残しておくことで、より鮮明なエピソードとして、語ることができるようになります。

　上記の質問以外では、例えば次のような質問です。

---

①教育実習で一番苦労したことは何ですか。
②教師の仕事のやりがいは何だと思いますか。
③教育実習で学んだことは何ですか。

　また、次のような質問の答えも実習中の先生たちの様子を思い返すと、具体的に書けるでしょう。

---

①勉強の苦手な子供にどんな支援をしますか。
②特別な支援を要する子供の支援をどうしますか。

　教育実習を実習で終わらせず、夢をつかむための貴重な経験として、蓄積することが大切です。

（愛知県名古屋市浮野小学校　堂前直人）

あとがき

「教師修業十年」を越えて

教育実習で行った最初の授業は算数だった。まえがきでも紹介したが、それはひどい授業だった。

その日までも学んでいる自負はあったが、教育実習を経て、すべきことがより明確になった。

45分の授業に耐えうる授業体力、より深い教材研究を実現する教材解釈力、教材研究を実際の授業に落とし込む授業構成力、等々、鍛えるべきことは山積みだった。

大学に戻り、算数はもとより、国語、理科、社会の主要教科はもちろん、家庭科、体育などの指導方法も改めて学んだ。

学生生活の中で、やれることはやれるだけやって、現場に出た。

それでも現場は難しく、応用問題の連続だった。

特別支援を要する子への対応、40人の子供を統率していく学級経営。教育実習で学んだことは、教師という仕事のごく一部だったのだと、現場に出て、改めて打ちのめされた。

そして今、教師になり、10年が経った。教育実習で授業が崩壊したあの日から、毎日修業を続けてきた。

気づけば、私の学級では次のようなことが、いくつも生じていくようになった。

漢字テストで0点、10点だった子が100点をとる。

算数のテストの平均点が90点を超える。

発言が苦手だった子が、リーダーとしてイベントを仕切る。

来年も先生のクラスがいいと何人もの子が言う。

跳び箱が跳べなかった子が、あっという間に跳べるようになる。

毎年年度末、学級の子供たちに、作文を書いてもらう。「1年間で成長したこと」がテーマである。その一部を紹介する。

> 堂前先生が先生になって、ぼくは、算数が好きになった。それまでは好きじゃなかった。計算も速くできないし、難しくてよくわからない。
>
> 堂前先生の算数は面白い。ふざけてわざと間違える。そのときはみんながちがーう！ と先生を怒る。みんなで笑いながら、授業をしてる。
>
> いつの間にか、計算も速くなったし、算数が簡単になった。これからも算数を頑張りたいです。

教育実習で、算数の授業に大失敗した私である。

そんな私でも、真剣に10年学べば、「子供たちに力をつける授業」ができるようになってきたようだ。

本書を手に取ったみなさんも、もしかしたら、教育実習で、現場で、打ちのめされることもあるかもしれない。

でも、それをきっかけに、努力をしていけば、行動をしていけば、必ず道は開けてくる。

> 自分の可能性は、自分の行動の先にしか見出すことはできない。

もちろん、私もまだ道半ばである。教育という、ゴールのない道を生涯の職に選んだ以上、一生涯学び続けようと思う。

みなさんとどこかでご一緒できることを、楽しみに歩みを進めていく。

最後に、出版の機会をくださった樋口雅子編集長。私の教師としての歩みを支え続けてくださったTOSS最高顧問向山洋一先生はじめ、TOSSの先生方。そして、これまで一緒に学んできたサークルの仲間。これまで共に学んできた全ての方々に心より感謝申し上げます。

令和3年3月22日
学級解散パーティーの余韻にひたりながら
TOSS/Lumiere　堂前直人

◎**執筆者一覧**

片岡友哉	千葉県小学校教員
富樫僚一	宮城県小学校教員
橋本　諒	静岡県小学校教員
赤塚邦彦	北海道小学校教員
大内裕生	静岡県小学校教員
川合賢典	愛知県小学校教員
宮島　真	愛知県小学校教員
福井　慎	三重県小学校教員
中川聡一郎	愛知県小学校教員
織茂眞彩	神奈川県小学校教員
田丸義明	神奈川県小学校教員
林田花蓮	長野県中学校教員
加藤友祐	愛知県中学校教員
広瀬　翔	山梨県中学校教員
上田浩人	北海道高校教員
三浦安理沙	愛知県小学校教員
新倉喜裕	静岡県大学生
櫻井愛梨	兵庫県大学生

◎**取材協力**

谷　和樹	玉川大学教職大学院教授
並木孝樹	千葉県公立小学校校長

◎編著者紹介

堂前直人 （どうまえ なおと）

1986年　　　愛知県生まれ
2009年3月　信州大学卒
　　　　　　現在　愛知県名古屋市浮野小学校勤務
TOSS/Lumiere 代表
TOSS中央事務局
10年前にサークルを立ち上げ、毎週学習会を開催。
授業づくりや学級経営などをテーマにしたセミナーの講師も務める。

先生のタマゴ必携
教育実習パーフェクトガイドBOOK

GAKUGEI
MIRAISHA

2021年7月15日　初版発行

編著者　堂前直人
発行者　小島直人
発行所　株式会社学芸みらい社
　　　　〒162-0833　東京都新宿区筆笥町31　筆笥町SKビル
　　　　電話番号 03-5227-1266
　　　　http://www.gakugeimirai.jp/
　　　　E-mail : info@gakugeimirai.jp
印刷所・製本所　藤原印刷株式会社
企　画　樋口雅子
校　正　大場優子
装丁デザイン・本文組版　小沼孝至

教室熱中! めっちゃ楽しい
算数難問
1問選択システム

動画のマスコット「ライオンくん」（作：山戸 麦）

●木村重夫＝責任編集
☆B5版・136頁平均・本体2,300円（税別）

1巻 初級レベル1＝小1相当編
堂前直人＋TOSS/Lumiere

2巻 初級レベル2＝小2相当編
中田昭大＋TOSS流氷

3巻 中級レベル1＝小3相当編
松島博昭＋TOSS CHANCE

4巻 中級レベル2＝小4相当編
溝口佳成＋湖南教育サークル八方手裏剣

5巻 上級レベル1＝小5相当編
岩田史朗＋TOSS金沢

6巻 上級レベル2＝小6相当編
林 健広＋TOSS下関教育サークル

別巻 数学難問＝中学・高校レベル相当編
星野優子・村瀬 歩＋向山型数学研究会

デジタル時代に対応! よくわかる動画で解説

　各ページに印刷されているQRコードからYouTubeの動画にすぐにアクセスできます。問題を解くポイントを音声で解説しながら、わかりやすい動画で解説します。授業される先生にとって「教え方の参考」になること請け合いです。教室で動画を映せば子どもたち向けのよくわかる解説になります。在宅学習でもきっと役立つことでしょう。

教科書よりちょっぴり難しい「ちょいムズ問題」

　すでに学習した内容から、教科書と同じまたはちょっぴり難しいレベルの問題をズラーッと集めました。教科書の総復習としても使えます。20問の中から5問コース・10問コース・全問コースなどと自分のペースで好きな問題を選んで解きます。1問1問は比較的簡単ですが、それがたくさん並んでいるから集中します。

子ども熱中の難問を満載!

　本シリーズは、子どもが熱中する難問を満載した「誰でもできる難問の授業システム事典」です。みなさんは子どもが熱中する難問の授業をされたことがありますか？　算数教科書だけで子ども熱中の授業を作ることは高度な腕を必要とします。しかし、選び抜かれた難問を与えて、システムとして授業すれば、誰でも子ども熱中を体感できます。

これが「子どもが熱中する」ということなんだ!

　初めて体験する盛り上がりです。時間が来たので終わろうとしても「先生まだやりたい!」という子たち。正答を教えようとしたら「教えないで!　自分で解きたい!」と叫ぶ子たち。今まで経験したことがなかった「手応え」を感じることでしょう。